U0147786

昌明文庫·悅讀人物

他們在大清末年

下冊

顧孝華　著

目次

第四篇
胡　適

　　胡適（1891-1962），安徽績溪人，時年廿一歲。美國康奈爾大學農學院一年級學生，一九一二年二月初（辛亥年十二月末）轉入該校文學院，「習哲學文學，旁及政治」。

遙祝吾母大人新禧百福

　　一百年前的辛亥年正月初一（一九一一年一月卅日），胡適沒有像幾年前在徽州老家那樣，和他最敬愛的母親一起過年；也沒有像去年在上海那樣，「未出門。下午，與劍龍、桂梁諸人打牌。令僕持帖至各處賀年」[1]；而是去參加了一場生物學考試，且考得「尚無大疵」[2]。在本書介紹的這些人物中，有大年初一去參加考試這種經歷的還有吳宓，但那是十年後的事了[3]，如果不考慮這十年後的事則唯獨胡適一人，因為作為第二批庚款留美學生[4]，當年他是康奈爾大學

[1] 《胡適日記全編》（1），頁13，一九一〇年二月十日（庚戌年正月初一）日記。「劍龍、桂梁」等是胡適當年在上海結交的「一班浪漫的朋友」，一九〇九年冬至一九一〇年春，胡適跟著他們墮落了幾個月。這裏的「僕」可能指房東的孩子，與周氏兄弟記載的北京紹興會館裏的長班的兒子相似。

[2] 《胡適日記全編》（1），頁63，一九一一年一月三十日日記。

[3] 一九二一年二月八日（辛酉年正月初一）下午，吳宓在哈佛大學參加「比較文學」課考試，見《吳宓日記》（Ⅱ），頁213。

[4] 「庚款留美學生」指清政府按中美庚款計劃派遣的留美學生。「庚款」是美國政府退回的庚子賠款中多收的一筆錢。一九〇八年美國政府和清政府商定，由清政府用這筆錢派遣學生到美國留學，是謂「中美庚款計劃」。

下屬紐約州立農科學院（以下簡稱康大農學院）一年級學生。

胡適是去年九月十七日抵達康奈爾大學所在地綺色佳（Ithaca，現在一般譯為「伊薩卡」，位於紐約州中西部）的。四個多月後，當故國歡度新年之際，他卻在大洋彼岸，參加來美國後第一次期末考試。這學期他上了四門課：英文、德文、生物學和植物學，這些課一周內都要考完：今天年初一考生物學，年初四（二月二日）考英文，年初五（二月三日）考德文，年初六（二月四日）考植物學，其間還要寫一篇植物學報告，真是忙得不可開交，用他自己的話來說，「今年吾國新年適逢大考，未得一日之休暇。」[5] 但是再忙，新年第一天給母親拜年不能忘，所以剛考好生物學，他就給母親寫了一封信：

> 第四號　元旦
>
> 糜兒百拜，遙祝吾母大人新禧百福。兒今日有大考一次，考畢無事，因執筆追記入學以來之事，以告吾母。想吾母新春無事，家人團聚之時，得此書以為家人笑談之資，當是一樂也。
>
> （一）體育　外國大學有體育院……大學定章，每人每星期須入此院練習三次。兒初一無所能，頗以為恥。因竭力練習，三月以來，竟能賽跑十圍，爬繩至頂，雲梯過盡，鐵環亦能上去，棍棒能操四磅重者，舞動如飛。現雙臂氣力增加，兒前此手腕細如小兒，今雖未加粗，然全是筋肉，不復前此之皮包骨頭矣。此事與體力上大有關係，如能照常習練，必可大見功效。現兒體重一百十磅（脫去衣履時稱得之重），每磅約中國十二兩零，一年之後，必可至一百五十磅矣。
>
> （二）交際　美國男女平權，無甚界限。此間大學學生五千

5　《胡適日記全編》(1)，頁67，一九一一年二月十一日日記。

人，中有七八百女子，皆與男子受同等之教育。惟美國極敬女
子，男女（「女」疑為「子」之誤──引者）非得友人介紹，
不得與女子交言。（此種界限較之中國男女之分別尤嚴，且尤
有理。）此間有上等縉紳人家，待中國人極憂，時邀吾輩至其
家坐談。美俗每有客來，皆由主婦招待，主人不過陪侍相助而
已。又時延女客與吾輩相見。美國女子較之男子猶為大方，對
客侃侃談論，令人生敬。此亦中西俗尚之不同者也。

（三）飲食　此間食宿分為二事，如兒居此室，主人不為具
食，須令覓餐館。每日早餐有大麥飯（和牛乳）、烘麵包（塗
牛油）、玉蜀黍衣（和牛乳）。中晚兩餐，始有肉食，大概是牛
羊豬之類。至禮拜日，始有雞肉。美國烹調之法，殊不佳，各
種肉食，皆枯淡無味，中國人皆不喜食之。兒所喜食者，為一
種麵包，中夾雞蛋，或雞蛋火腿，既省事，又省錢，又合口
味。有時有烤牛肉，亦極佳，惟不常有耳。……
右舉三事，拉雜書之，即以奉稟。順叩
金安

　　　　　　　　　　　　　　　　糜兒百拜辛亥元旦
家中長幼均此。[6]

　　「糜兒」（「糜」音門）是胡適母親對他的昵稱。據李敖統計，胡
適一生「名目繁多」，用過的各種名字有卅七個之多[7]。但他母親一直

6　《胡適書信集》（上冊頁19）和《胡適家書》（頁9）都從《胡適遺稿及秘藏書信》
　　（第21冊）中收錄了這封信。《胡適書信集》編者說，胡適「有些信原無具體日期，
　　經編者考證其日期後，則用（）注明」（編輯說明）。在這封信末尾「辛亥元旦」後
　　面，他們注明是「（2月18日）」，這個「注明」顯然有誤，因為「辛亥元旦」即辛亥
　　年正月初一是一九一一年一月卅日，不是二月十八日。

7　李敖：《胡適評傳》，頁260、261。

叫他「穈」、「穈兒」，當時很可能還不知道自己兒子已經改名叫「胡適」了，因為從這個名字在北京遊美學務處的報名登記表上第一次正式出現算起[8]，到現在為止只有半年；為他起名字的是他同父異母的二哥，生意上忙得很，想來也不會把幾年前的這種小事，告訴只比自己大四歲的後母即胡適的母親[9]。即使知道，胡適在給母親信裏也絕不會用這個新名字，因為這個新名字原本是他「怕考不取為朋友學生所笑」而「臨時改用」的[10]，對母親，根本用不著遮遮蓋蓋。

「兒今日有大考一次」，指胡適這天參加的生物學考試。胡適寫信和他做文章一樣，講究「明白清楚」，於是接下來他把要告訴母親的「入學以來之事」，分為體育、交際和飲食三個方面。他想，「吾母新春無事，家人團聚之時，得此書以為家人笑談之資，當是一樂也」。他在寫這一句時想必忘記了時差，當年從美國東部寄到上海的信，路上要走一個月，正如他從上海到綺色佳一樣，而從上海到他家鄉安徽績溪上莊村，也要三、四天，所以這封寫於一月卅日的信被他母親收到，最快也在三月上旬了，而此時早已過了元宵節，中國人傳統過年已經結束了。

胡適母親聽人讀兒子這封信時[11]，肯定「歡喜無量」。她摯愛的

8　遊美學務處是清政府一九○九年七月為落實中美庚款計劃而設立的辦事機構，由外務部會同學部（教育部）共同管轄，下轄遊美肄業館（一九一一年初改名清華學堂）。胡適於庚戌年五月二十七日（一九一○年七月三日）抵達北京，報名參加遊美學務處組織的第二批庚款留美考試。

9　胡適原名**胡洪騂**，胡適這個名字是他一九○五年在上海澄衷學堂讀書時，他二哥為他起的，取當時盛行的「物競天擇，適者生存」之意。

10　胡適：《四十自述》，《胡適文集》（1），頁102。

11　關於胡適母親的文化程度，胡適有兩個說法：在〈我的信仰〉中說，他母親「並不知書識字」，見《胡適文集》（1），頁6；在《四十自述》中說，他母親認得「近千字」，見《胡適文集》（1），頁44。這裏採前說，因為他母親認得「近千字」，還是一八九五年之前的事。

「麋兒」，小時候「身體很弱」，「號稱五歲了，還不能跨一個七八寸高的門檻」[12]。現在他「竟能賽跑十圍，爬繩至頂，雲梯過盡，鐵環亦能上去，棍棒能操四磅重者，舞動如飛」，「兩臂氣力增加……全是筋肉」，體重達到「一百十磅」（約一百市斤），而且是「脫去衣履時稱得之重」，還有什麼比兒子身體好更能讓做母親的高興呢？聽到「交際」這一段，她聽得懂的大概只有「男子非得友人介紹，不得與女子交言」這一句，因為老祖宗說過，「男女授受不親」，其它就搞不明白了：且不說「美國男女平權，無甚界限」[13]——在我們這裏，歷來是「男尊女卑」，怎麼可以「無甚界限」？也不說女子「皆與男子受同等之教育」——女大必嫁，遲早是夫家的人，懂得孝敬公婆就可以了，讀什麼書？再說，不是講「女子無才便是德」麼？就以「每有客來，皆由主婦招待，主人不過陪侍相助而已……美國女子較之男子猶為大方，對客侃侃談論」來說，這成什麼體統？不是說「夫為妻綱」麼？女人與客人「侃侃談論」，真要羞死了[14]！以前她雖也聽說「中西俗尚之不同」，沒想到差別竟有這麼大！再聽到「美國烹調之法，殊不佳……中國人皆不喜食之」，她肯定心頭一緊：那麼「麋兒」吃什麼呢？好在聽下去知道，在美國還有「麋兒」喜歡吃的東西：「一種麵包，中夾雞蛋，或雞蛋火腿」，這才放心了。

　　這是辛亥年胡適給母親的第一封信，也是他到美國後給母親的第

12　胡適：《四十自述》，《胡適文集》（1），頁45。

13　初到美國的胡適不知道，當時美國男女在權利方面也有不少「界限」，例如當時美國婦女沒有選舉投票權。一直到一九二〇年八月廿六日，美國國會才通過憲法第十九條修正案：「合眾國或其任何一州不得因性別關係而取消或剝奪合眾國公民的投票權。」

14　其實胡適當時的思想也是比較保守的，例如一九一一年九月十七日，他在日記裏寫道：「演說會第一次舉行辯論，題為〈中國今日當行自由結婚否？〉，余為反對派，以助者不得其人，遂敗。」見《胡適日記全編》（1），頁136。

四封信。屈指算來，他寫這封信時已經三年多沒有見到母親了。上次回家還在丁未年五月（一九○七年六七月），當時他在上海中國公學讀書，因患腳氣病，回家鄉休養了兩個多月。告別時他和他母親都沒有想到，下次見面竟要在十年之後（一九一七年胡適結束在美國的七年留學，於七月十日抵達上海，廿三日或廿四日回到家鄉）！

從與母親告別到出國留學這三年（一九○七年八、九月至一九一○年八月十六日），在胡適個人歷史上很重要。這三年可以分為四個階段[15]：

第一階段（一九○七年八九月至一九○八年十月三日）：胡適從家鄉回滬後繼續在中國公學讀書（二年級）。一九○八年九月廿七日，中國公學因校務管理問題開始鬧風潮。十月三日，該校發佈停學公告，他和絕大多數同學一起退學。

第二階段（一九○八年十月四日至一九○九年十一月十三日）：中國公學的這批退學同學在十天內自己辦了一所學校，取名「中國新公學」。新公學經費緊張，主事者不想外請教師，讓胡適教「低年級各班的英文，每星期教課三十點鐘，月薪八十元」[16]。當時胡適家裏「經濟大感困難」，不僅無力繼續供他讀書，還要他寄錢「供養家中的母親」[17]。想到家裏的境況，胡適停學接受了這份工作。一年後即己酉年十月一日（一九○九年十一月十三日），新公學解散，他成了失學、無業人員。

第三階段（一九○九年十一月十四日至一九一○年三月廿二

---

15 耿雲志把胡適的一生「分作五個階段」，這個分法不包括一九一○年之前的少年期（見耿雲志：〈胡適一生的五個階段〉，《胡適評傳》，頁4）。胡適的少年期似可以一九○四年春為界分為兩個階段。

16 胡適：《四十自述》，《胡適文集》（1），頁92。但主事者同時聲明，「自家同學作教員，薪俸是不能全領的，總得欠著一部分。」見同頁。

17 胡適：〈我的信仰〉、《四十自述》，《胡適文集》（1），頁13。

日），胡適在新公學解散後雖然「得了兩三百元的欠薪」，但感到「前
途茫茫，毫無把握，哪敢回家去？只好寄居在上海，想尋一件可以吃
飯養家的事。在那個憂愁煩悶的時候，又遇著一班浪漫的朋友」（李
敖稱之為「酒肉朋友」），他「就跟著他們墮落了」[18]。具體說，「自十
月一日新中國公學淪亡以來，心緒灰冷，凡諸前此所鄙夷不屑為之
事，皆一一為之」[19]。所謂「鄙夷不屑為之事」，包括「從打牌到喝
酒，從喝酒又到叫局，從叫局到吃花酒」等。這些事，他自己說「不
到兩個月，我都學會了。幸而我們都沒有錢，所以只能玩一點窮開心
的玩意兒：賭博到吃館子為止，逛窯子到吃『鑲邊』的花酒或打一場
合股份的牌為止。……我那幾個月之中真是在昏天黑地裏胡混。有時
候，整夜的打牌；有時候，連日的大醉」[20]。以後他想到這段日子，
認為「那幾年（1909-1910）是中國歷史上的黑暗時代，也是我個人
歷史上的黑暗時代」[21]。其實在他個人早期歷史上，真正黑暗的也就
是這五個多月。

　　這樣「昏天黑地裏胡混」的結果是，在己酉年末，他不要說寄點
錢給母親過年，就連自己欠下的房金（每月五元，欠了三個月）、飯
金（每月廿四元，欠了兩個月）都無錢償還。請看他十二月二十一日
（一九一〇年一月卅一日）日記：

　　　　……今年盡歲迫，余乃受人敲炙，至無以償食金。昔者夏森林
　　　　問我近況奚似，余答以邇來所賴，僅有三事，一曰索，索債

18　胡適：《四十自述》，《胡適文集》(1)，頁96。
19　這句話寫在「藏暉室日記乙酉第五冊」封面或扉頁，見《胡適日記全編》(1)，頁
　　3。
20　胡適：《四十自述》，《胡適文集》(1)，頁97、98。
21　胡適：〈我的信仰〉，《胡適文集》(1)，頁13。

也；二曰借，借債也；三曰質，質衣服也。此種景況，已不易
過；今則並此三字而亦無之，則惟有坐斃而已耳。[22]

「夏森林」和下面提到的謝、徐、胡三人估計是胡適的同學。這
天距離新年（庚戌年）只有一個多星期了，而可憐的胡適只有靠
「索、借、質」生活了。一星期後即十二月二十八日（一九一〇年二
月七日），他又在日記裏寫道：

今日已不易度矣。……余之房金飯金亦皆未付。昨日謝卓然為
我假得五元，徐子端還我三元，今日胡希彭還我八元，然尚不
足。[23]

最後在小年夜那天（一九一〇年二月八日）向同鄉叔祖借了兩百
五十元，才「拆東牆、補西牆」般地勉強過了這個年，因為這些錢實
際上還不夠還債，以至於在年初四（一九一〇年二月十三日）他就歎
曰「新年以來又入窘鄉矣」[24]。

過年後胡適依然故我，終於在一九一〇年三月廿二日晚上「鬧出
亂子來了」。簡言之，在這個「雨夜」，他在一家妓院裏「喝酒喝得醺
醺大醉」，回家途中「在街上與巡警角鬥」，結果把「自己弄進監裏去
關了一夜」[25]，最後罰款了事。

---

22 《胡適日記全編》（1），頁7，己酉年十二月二十一日（1910年1月31日）日記。
23 《胡適日記全編》（1），頁10，己酉年十二月二十八日（1910年2月7日）日記。
24 《胡適日記全編》（1），頁14，一九一〇年二月十三日記。從胡適日記可以看到，
　　當時他至少欠下兩百六十三元債，即三個月房金十五元，兩個月飯金四十八元，另
　　欠一個叫「惕銘」的同鄉（在新聞報任事）兩百元。
25 胡適：〈我的信仰〉，《胡適文集》（1），頁13。

第四階段（一九一○年三月廿三日至一九一○年八月十六日）：
據胡適二十年後回憶，從巡捕房出來當天，

> 我在鏡子裏看見我臉上的傷痕，和渾身的泥濕，我忍不住歎一
> 口氣，想起「天生我材必有用」的詩句，心裏百分懊悔，覺得
> 對不住我的慈母，──我那在家鄉時時刻刻懸念著我，期望著
> 我的慈母！[26]

　　這是胡適的懺悔，也是他覺醒的開始。他確實「對不住」他的母
親。他是他母親唯一的孩子，一八九五年他父親病逝後，只有廿三歲
的母親不僅成了寡婦，還「做了一個有許多成年兒女的大家庭的家
長。中國做後母的地位是十分困難的，她的生活從此時起，自是一個
長時間的含辛茹苦」[27]。「這種生活的痛苦」，胡適承認他的「笨筆寫
不出一萬分之一二」[28]。只是因為還有「糜兒」這「一點骨血」，他母
親在他父親去世後掙扎著活了廿三年，並把她的全部希望寄託在「糜
兒」的「渺茫不可知的未來」[29]。
　　這種寄託，按照「萬般皆下品，唯有讀書高」的傳統，自然首先
表現為抓「糜兒」讀書，胡適母親雖然不識幾個字，但對「糜兒」的
教育卻抓得很緊。據胡適說：

> 每天天還未亮時，我母親便把我喊醒，叫我在床上坐起。……
> 她對我說我惟有行為好，學業科考成功，才能使他們兩老增

26　胡適：《四十自述》，《胡適文集》（1），頁101。
27　胡適：〈我的信仰〉，《胡適文集》（1），頁5。
28　胡適：《四十自述》，《胡適文集》（1），頁54。
29　胡適：《四十自述》，《胡適文集》（1），頁44、45。

光；又說她所受的種種苦楚，得以由我勤敏讀書來酬償。我往
往眼睛半睜半閉的聽。但她除遇有女客與我們同住在一個房間
的時候外，罕有不施這番晨訓的。

到天大明時，她才把我的衣服穿好，催我去上學。我年稍長，
我總是第一個先到學堂，並且差不多每天早晨都是去敲先生的
門要鑰匙去開學堂的門。[30]

「眼睛半睜半閉的聽」，可謂傳神之至。這種聽雖然不可能聲聲
入耳，但年幼的胡適多少還是聽進去了幾句。

胡適母親「自奉極菲薄……於日用出入，雖一塊豆腐之細」也要
記帳[31]，但對「糜兒」讀書卻很捨得用錢。當時在胡適家鄉，「每個學
生每年只送兩塊銀元」作學費給私塾先生，「先生對於這一類學生，
自然不肯耐心教書，每天只教他們念死書，背死書，從來不肯為他們
『講書』」。只有胡適「不屬於這『兩元』的階級」，他母親要求先生
為他「講書」（講字、句的意思），「故學金特別優厚，第一年就送六
塊錢，以後每年增加，最後一年加到十二元。這樣的學金，在家鄉要
算『打破記錄』的了」[32]。先生收了這些學金，對胡適自然不僅「講
書」，而且講得很賣力，從而為他在文史方面打下了一定基礎。

胡適母親不僅抓「糜兒」讀書，也抓他「做人」。仍據胡適說：

我做錯了事，她只對我一望，我看見了她的嚴厲眼光，就嚇住
了。犯的事小，她等到第二天早晨我眼醒時才教訓我。犯的事

---

30 胡適：〈我的信仰〉，《胡適文集》（1），頁6、7。

31 胡適：〈先母行述〉，《胡適文集》（2），頁599。

32 胡適：《四十自述》，《胡適文集》（1），頁48、49。

大，她等到晚上人靜時，關了房門，先責備我，然後行罰，或跪罰，或擰我的肉。[33]

因此胡適說，在「做人的訓練」方面，「我的恩師就是我的慈母」，「她是慈母兼任嚴父」[34]。

順便不妨指出，李敖把胡適在家鄉讀書的九年（1895-1904）稱為「被擰肉的時代」（《胡適評傳》第四章標題），似乎言過其實了。胡適小時候雖曾被他母親「擰肉」，但次數決不會多。當時胡適「總是文縐縐地」，所以「家鄉老輩」都說他「像個先生樣子」，稱他「糜先生」，而胡適本人也「不能不裝出點『先生』樣子，更不能跟著頑童們『野』了」[35]。這樣的「糜先生」，想來是不會經常被母親「擰肉」的。再說胡適這九年讀書，雖然每天很早就起床了，但總的看來並不痛苦，被老師責打（頭上敲幾下而已）似乎只有一次。因此不能用胡適童年偶然的經歷來概括他的一個時代，否則很容易使人誤以為他當時過的是童養媳般的生活（舊時童養媳確實是經常被「擰肉」的），而事實上「糜兒」是母親心中的寶貝，絕不是「童養媳」。

一九○四年春，胡適母親決定讓只有十三歲出頭一點的「糜兒」去上海讀書。胡適說，「她只有我一個人，只因為愛我太深，望我太切，所以她硬起心腸，送我去遠地去求學。臨別的時候，她裝出很高興的樣子，不曾掉一滴眼淚」[36]，而且「三年始令一歸省。人或謂其太忍，先母笑領之而已」[37]。

33　胡適：《四十自述》，《胡適文集》（1），頁54。

34　胡適：《四十自述》，《胡適文集》（1），頁53、54。

35　胡適：《四十自述》，《胡適文集》（1），頁52。

36　胡適：《四十自述》，《胡適文集》（1），頁65。

37　胡適：〈先母行述〉，《胡適文集》（2），頁600。

……

　　所有這一切，對胡適來說都是歷歷在目，但現在不要說「學業科考成功」，為「兩老增光」，也不要說「贍養母親」，「補貼家用」，自己差一點連命都沒了。想到這裏，他「心裏百分懊悔」：「一日大醉幾乎死，醒來忽然怪自己：父母生我該有用，似此真不成事體。從此不敢太糊塗……」[38]有了這次醉酒事件的教訓，胡適說「我沒有掉一滴眼淚，但是我已經過了一次精神上的大轉機」[39]。

　　不久聽說北京招考留美學生，胡適在朋友（這是他在「劍龍、桂梁諸人」之外的另一批朋友）等規勸下，決定北上應考並幸運地成功了。從三月廿二日晚上在上海醉酒「鬧出亂子」，到七月卅日傍晚在北京遊美學務處看到自己「金榜題名」，胡適經歷了終生難忘的一百三十天。李敖把胡適這段經歷概括為「從逛窰子到上北京」，作為《胡適評傳》第十章標題，雖有吸引眼球之嫌，卻是寫實。沒有這天晚上的大醉，他大概還不會醒，還會過著今天去「花瑞英家」（上海一個妓女家），明天去「迎春坊」（上海一家妓院，胡適三月廿二日晚上就是在這裏喝醉的）的日子，在這個意義上說，胡適真要感謝「劍龍、桂梁諸人」了。

　　一年前的今天（一九一〇年一月卅日，己酉年十二月二十日），胡適在上海睡得很遲才起來：「是日星期。晏起，起時日亭午矣。」[40]「晏起」的原因不僅是「是日星期」，還因為昨天「下午，與君墨、劍龍、桂梁打牌。是夜，觀劇春貴部」[41]。當時他再「大膽假設」，也

---

38 贈朱經農（1916年8月31日），《胡適日記全編》（2），頁470。鄧雲鄉在《文化古都舊事》（頁255）裏引了這幾句詩，並說「這種白話體的舊詩，又似新詩，實是舊詩，並不好作」。

39 胡適：《四十自述》，《胡適文集》（1），頁101。

40 《胡適日記全編》（1），頁7，己酉年十二月二十日（1910年1月30日）日記。

41 《胡適日記全編》（1），頁7，己酉年十二月十九日（1910年1月29日）日記。

不會假設一年後的今天他會在美國，會在美國的一所大學裏考生物學。如此巨大的轉變，首先應該歸功於他一九〇四年離開家鄉時所帶著的「一個慈母的愛」——這是他離開家鄉後帶的三件「防身之具」之一（另兩件是「一點點用功的習慣」和「一點點懷疑的傾向」[42]，這裏的「防身之具」似可理解為安身立命的方法），因為正是「慈母的愛」，使他在醉酒事件後「過了一次精神上的大轉機」，使他有可能開始一種全新的生活。所以在新年第一天，他要面向故國，「遙祝吾母大人新禧百福」。

一點點用功的習慣

這是胡適離開家鄉後帶的第二件「防身之具」。這件「防身之具」在家鄉初步形成，後被他帶到上海，一九一〇年九月又被他帶到美國。

胡適的一生是用功的一生。即使到了晚年，他「還在東翻西翻，為了那個一百二十歲的和尚」[43]。他去世前留下的最後一天日記裏也有「用功」一詞，認為某篇文章是一篇「很用功思想」的「好文字」[44]。其實他對這篇文章的精讀、圈點和批改，也說明他做到了生命不息、用功不止。

一個受用終生的習慣往往是從小開始養成的，胡適的這種「一點點用功的習慣」就是如此。在家鄉讀書期間，他「總是第一個先到學

42　胡適：《四十自述》，《胡適文集》（1），頁65。胡適在〈我的信仰〉中也有類似說法，文字稍有不同，見《胡適文集》（1），頁11。

43　這是胡健中〈南港〉詩中的一句，指胡適考證虛雲和尚一事，《胡適日記全編》（8），頁658。

44　《胡適日記全編》（8），頁821，一九六二年二月二十一日日記。

堂」，九年來讀了「三百千」、《論語》、《詩經》等十八部書，有些內容甚至到晚年還能背誦（一九五九年十一月，他在一次會上背了《論語》中魯定公和孔子的一段對話，幾乎一字不差）。正因為肚子裏有這麼多「貨」，所以到上海讀書後不久，他就聽出老師的一句話有錯並予以糾正，他也因此立即從第五班升到第二班。胡適晚年常說「功不唐捐」（《法華經》），對他來說，「一天之中升了四班」便是最初的證明。

在上海期間（一九〇四年春至一九一〇年八月），胡適先後在梅溪學堂、澄衷學堂、中國公學和中國新公學這四所學校留下了足跡[45]。在前三所學校，他是學生。在中國新公學，他是十七八歲的「小先生」。無論是做學生還是做「小先生」，他都堪稱用功。

在梅溪學堂，由於有在家鄉九年讀書打下的底子，他讀來「自然毫不費力」。在上述「一天之中升了四班」之後幾個月，他又升到了全校最高的第一班。有兩件事可見他當時的用功：其一，他曾為寫一篇題為〈原日本之所由強〉的作文，參考了《明治維新三十年史》、《新民叢報彙編》等「一大籃」的書；其二，他曾和同學半夜起來，「點著蠟燭，輪流抄了一本《革命軍》」[46]。

在澄衷學堂，他對「算學最感興趣，常常在宿舍熄燈之後，起來演習算學問題」。「臥房裏沒有桌子」，他「就想出一個法子來，把蠟燭放在帳子外床架上」，身體「伏在被窩裏，仰起頭來，把石板放在枕頭上做算題」。這樣用功的結果是有得有失。「得」的是他「考試成

---

45 胡適還曾經王雲五介紹，在華童公學教國文，但在醉酒事件後第一天即主動辭職。因胡適在該校時間太短（一九一〇年二月廿八日至三月廿三日），這裏姑且不論。華童公學一九四一年改名輯規中學，李敖曾在該校就讀；一九五一年改名上海市市東中學。

46 胡適：《四十自述》，《胡適文集》（1），頁67、68。

績常常在第一，故一年內升了四班」，並打下了「英文和算學的基
礎」，而課餘讀的小穆勒（J. Mill）、赫胥黎和梁啟超，也使他初步瞭
解了「自由論」、「天演論」和「新民說」。「失」的是由於「睡眠不
夠，就影響到身體的健康」。有一個時期，他的「兩隻耳朵幾乎全聾
了」[47]。

　　在中國公學，他學來「很不費氣力」，因為在他看來，那裏教的
「英文數學都很淺」，這使他有可能課餘在兩個地方用功。一是給
《競業旬報》寫了幾十篇文章[48]，這不僅給了他「一個發表思想和整
理思想的機會」，也給了他「一年多作白話文的訓練」。他從這種訓練
中得到了「絕大的好處」，因為白話文從此就成了他的「一種工具」，
使他以後「能夠在中國文學革命的運動裏做一個開路的工人」[49]。二
是學習寫詩。當時他的興趣發生了變化，以往「那種算學興趣現在都
被做詩的興趣趕跑了」。他在詩中「發現了一個新世界」，「從此走上
了文學史學的路」[50]——不過其間走了一段學農的路，這是後話。

　　在中國新公學做「小先生」時，他知道論學問自己是不配教英文
的，但他是個「肯負責任的人，肯下苦功去預備功課」。他在備課時
「把字字句句的文字弄的清楚」，結果在英文文法方面得到了「很好
的練習」，一年課上下來，「不曾有受窘的時候」[51]。

　　中國新公學解散後，跟著朋友墮落的胡適自然不再用功。在接下
來的五個多月中，他也在學，但學的不是英文算學，也不是做詩和寫
白話文，而是打麻將、唱戲乃至「從叫局到吃花酒」[52]。

47　胡適：《四十自述》，《胡適文集》（1），頁69。

48　《競業旬報》，每月一、十一、廿一日出版。

49　胡適：《四十自述》，《胡適文集》（1），頁85。

50　胡適：《四十自述》，《胡適文集》（1），頁86。

51　胡適：《四十自述》，《胡適文集》（1），頁93、94。

52　胡適是在中國新公學解散後跟著「一班浪漫的朋友」學會打麻將的。學唱戲也是在

一九一〇年三月廿二日晚上醉酒並由此「經過了一次精神上的大轉機」後，胡適至遲在六月初已決定去北京參加留美考試[53]。那時他「從萬念都灰之中，忽作萬一之希望，則此轉綠回黃之天中節，不可謂非吾生之昨非今是之新紀元也」[54]。所謂「萬一之希望」，指留美考試成功。「天中節」即端午節，他寫下這個希望的時候已是「五月朔日」即五月初一了（一九一〇年六月七日），因此不妨把「天中節」作為「昨非今是」的轉振點。於是他恢復了以往的用功，在六月七日至廿七日這廿一天中，他日記裏只有四天沒有溫課記錄，其它日子或是習代數，或是看英文，或是讀歷史，而這些天上海恰巧高溫，有幾天甚至高達攝氏卅七、八度。經過一個月左右復習，六月廿八日晚上，他登船赴京應考。當時的北京，京劇正進入成熟期，各流派名角就像今天的各路歌星一般受人追捧；剛剛誕生的話劇（當時叫新劇）也紅極一時。但是在接下來的三個星期中，他埋頭復習，「不曾看過一次戲」[55]。這時的胡適正如李敖說的，「從跟人學戲到『在北京一個月』，『不曾看一次戲』，這是何等『不敢大糊塗』！何等『立身重抖擞』！」[56]

功夫不負用功人。七月卅日傍晚，胡適終於在遊美學務處看到自

這段時期，一起學的還有我國話劇創始人之一歐陽予倩。但胡適唱戲「最不行，一句也學不會」，不上兩天「就不學了」（胡適：《四十自述》，《胡適文集》（1），頁97）。

53 三月廿二日晚上醉酒後，胡適「病臥數日，病癒又繼之以疽腕病，不能作字」（寫在「藏暉室日記庚戌第二冊」封面或扉頁），所以日記也中斷了。再記日記已是六月七日了，當天日記裏有「晨起，習代數」的記載，這說明胡適至遲在這一天已決定去北京參考留美考試。

54 這句話寫在「藏暉室日記庚戌第二冊」封面或扉頁，《胡適日記全編》（1），頁30。

55 胡適：《四十自述》，《胡適文集》（1），頁101。

56 李敖：《胡適評傳》，頁256。「立身重抖擞」是胡適一九一七年六月一日寄許怡蓀、朱經農詩中的一句，見《胡適日記全編》（2），頁592。

己「金榜題名」。半個月後（一九一〇年八月十六日），他作為七十名
第二批庚款留美學生之一，在上海頓船去了美國。

「一九一〇年八月以後，（胡適）有日記，遺失了。」[57]接下來能
看到的他最早的日記，就是本章開頭引的記載他正月初一去參加生物
學考試的一九一一年一月卅日日記。換言之，胡適在庚戌年日記有七
個月空缺（一九一〇年六月廿七日至一九一一年一月廿九日），關於
他在這七個月尤其是九月十七日抵達綺色佳後的經歷，現存資料只有
幾封信、幾張照片。好在一九一一年一月卅日至十月卅日，他有日記
（以下簡稱辛亥日記），也有幾封信。從這些日記和信來看，胡適當
時不僅人到了美國，也把「一點點用功的習慣」帶到了美國。

胡適對他人提出的一個看法，總是說：「拿證據來！」寫胡適，
自然更要響應他的號召。說他把「一點點用功的習慣」帶到了美國，
可以拿出以下這些證據。

其一，他在異國「已習於學」。從他辛亥日記可以看到，綺色佳
的冬天很冷，有時「大風雪撲面欲僵，幾不可呼吸」，甚至冷到教師
要罷課的程度[58]，但這期間他沒有缺課的記載。課後則忙於做功課，
或寫讀書報告，或寫小論文，或做演算（化學）等。哪天不上課，他
反而感到「難過」：「平日已習於學，今假中一無所事，反覺心身無著
落處，較之日日埋頭讀書尤難過也。」[59]考試前夕，他更是全力以
赴。一月卅日至二月四日，他參加了入學後第一次期末大考，「連日
以溫課失眠」，以致在考完最後一門課（植物學）那天下午，如釋重
負的他「晝寢三小時」[60]。

57　胡適留學日記自序，《胡適日記全編》（1），頁55。

58　《胡適日記全編》（1），頁71、77，一九一一年二月二十四日、三月十六日日記。

59　《胡適日記全編》（1），頁66，一九一一年二月六日日記。

60　《胡適日記全編》（1），頁65，一九一一年二月四日日記。考試後胡適過得很「爽」：

　　課餘他也「習於學」：或讀書（見下文），或看報（中文、英文），或寫作（《康奈爾傳》等），或做詩（既做中文詩，也做英文詩），或翻譯（海涅的詩等），或學外文（英、德文之外還有學拉丁文和希臘文的記載），或鍊字（顏真卿〈元次山碑〉，只是「以懸腕習之，殊覺吃力」，且「甚苦磨墨」）……很少有空閒的時間。應該說明的是，他到美國後也打牌（撲克和麻將），有時也打到半夜，但這時打牌只是一種消遣，再也沒有一年前在上海打牌賭博的事了。此外，這期間他有九個月沒看電影的記錄[61]。

　　其二，他學習成績良好。胡適在康大農學院待了三個學期，讀了一期暑期學校，上了十五或十六門課，見表4-1：

表4-1　胡適一九一〇年九月至一九一二年二月在康奈爾大學農學院選讀的課程

學年	學期	日期	課程	備註
第一學年	第一學期	1910年9月？日至1911年2月4日	英文、德文、生物學、植物學	生物學、植物學均有實習。英文每周上課五小時。
	第二學期	1911年2月13日至6月10日	英文、德文、生物學、植物學、氣象學	每周有兩天每天上課七小時。另有農事實習，學洗馬、加籠轡等。

　　「連日以溫課失眠，今日下午無事，晝寢三小時，醒後一浴，暢快極矣。作家書（兄二）。夜與同居諸君烹雞煮麵食之。」見同頁。

61　一九一一年九月十六日日記，《胡適日記全編》（1），頁136。

學年	學期	日期	課程	備註
	暑期學校	1911年7月6日至8月16日	化學、英文？	每天上午八點至下午一點上課。
第二學年	第一學期	1911年9月28日至1912年2月？日	英文、地質學、種果學、化學、植物生理學	上午課較多。每天均有實驗課。

注：表4-1根據《胡適日記全編》（1）製作。這裏的「英文」是統稱，可能包括幾門英文課。

　　關於這些課的成績，他日記裏有記載（用分數或文字）的只有五門，都是第一學年的：第一學期的生物學和植物學，第二學期的英文和德文，暑期學校的化學；在晚年演講和向唐德剛口述自傳時則有一個總的說法。

　　先看他日記裏的記載。生物學和植物學，他考得很好，前者得九十五分，後者也有八十三分。這兩門課都是以往他從未接觸過的，能考到這個成績很不容易，難怪他自己也在日記裏說「殊滿意矣」[62]。至於英文、德文和化學這三門課成績，一言難盡，只能分別說明。

　　英文有兩次成績記載，一次是小考，他得了九十一分；一次是期末大考，他「得免考（Exempt）」。獲知「免考」消息，他「心頗自喜」，因為只有「每學期平均分數過八十五分者得免大考」。這也是「功夫不負用功人」的證明，因為他「數月以來之光陰大半耗於英文也」[63]。

　　德文只有一次小考成績記載：「考德文，甚不滿意」[64]。對於德

62　《胡適日記全編》（1），頁68，一九一一年二月十四日日記。

63　《胡適日記全編》（1），頁101，一九一一年六月三日日記。

64　《胡適日記全編》（1），頁82，一九一一年四月三日日記。

文,他可謂「恨愛交加」,既「甚苦多生字」,又感到「有『主有位』
(Genitive Case)甚有趣」[65]。但令人意想不到的是,剛學了一年德
文的胡適,竟準備寫一本叫《德文漢話》的書,並「自信不致誤人
也」[66]。學德文一年是否可以達到這種程度,這裏姑且不論,不過有
這種自信,說明他當時的德文成績還是可以的[67]。

化學有兩次小考成績記載,一次是第一次小考,「竟得百分,真
出意外」[68];一次是第四次也是最後一次小考,成績「極不滿意」,
「平生考試,此為最下」[69],想來這次是考「砸」了。這麼看來,他
化學這門課的成績至少是不穩定的。考慮到「極不滿意」的是第四次
小考,難度肯定大於第一次小考,所以化學課的大考成績恐怕不佳。

再看他晚年在演講和口述自傳時的說法。一九五二年十一月,他
在臺灣臺東縣對中學生演講時說:

> ……(在康大農學院)一個學期結束了,各種功課的成績,都
> 在八十五分以上。到了第二年,成績仍舊維持到這個水準。依
> 照學院的規定,各科成績在八十五分以上的,可以多選兩個學
> 分的課程,於是增選了種果學。[70]

65 《胡適日記全編》(1),頁68、101,一九一一年二月十三日、六月四日日記。

66 《胡適日記全編》(1),頁130,一九一一年八月二十八日日記。這條日記的全文是:
「昨夜尋思非賣文不能贍家,擬於明日起著《德文漢話》一書,雖為貧而作,然自
信不致誤人也。」但寫《德文漢話》一事,以後沒有提起。

67 胡適晚年口述自傳時說:「我現在雖然已不會說德語或法語,但是那時我對法文和
德文都有相當過得去的閱讀能力。」《胡適口述自傳》,頁49。

68 《胡適日記全編》(1),頁120,一九一一年七月十七日日記。

69 《胡適日記全編》(1),頁124,一九一一年八月四日日記。

70 胡適:〈中學生的修養與擇業〉,《胡適文集》(12),頁534。胡適父親曾在臺東縣做
官,一八九四年至一八九五年,胡適在那裏住了一年,所以他說自己是「半個臺灣
人」。

過了五六年，他在口述自傳時說：

　　當我在農學院就讀的時期，我的考試成績，還不算壞。那時校
　　中的規定，只要我能在規定的十八小時必修科的成績平均在八
　　十分以上，我還可隨興趣去選修兩小時額外的課程。……利用
　　這兩三個小時選修的機會，我便在文學院選了一門客雷敦教授
　　所開的「哲學史」。[71]

　　以上兩個說法有兩處不同，一是平均成績不同，前說八十五分，
後說八十分；一是增選課程不同，前說種果學（pomology，現在一般
譯為果樹栽培學），後說哲學史。究竟哪個說法對，我們的「大膽假
設」是，平均成績以前說為準，理由是既然英文成績「每學期平均分
數過八十五分者得免大考」，其它課程的成績標準似乎也應一視同
仁。增選課程以後說為準，因為對康大農學院學生來說，種果學不僅
不可能是選修課，還很可能是必修課，理由是紐約州盛產蘋果，紐約
的別名就是「大蘋果」（the Apple）。

　　不管農學院規定的增選課程的分數線是八十分還是八十五分，也
不管他選的是種果學還是哲學史，反正他是過線了，有資格增選課
程。因此，說胡適學習成績良好是沒有問題的。千萬不能小看這個
「還不算壞」的成績，且不說他的心「不在農業上」（見下文），只要
想起一年多前他還在上海「昏天黑地裏胡混」，就可以知道得到這個
成績，他付出了多大的努力。

　　但應該指出的是，胡適在農學院的學習成績雖然不錯，但是除了
英文（最多再加上德文），其它課程則「考後不佳」。請看他的「自
白」：

71　《胡適口述自傳》，頁48。

我那時很年輕，記憶力又好。考試前夕，努力學習，我對這些蘋果還是可以勉強分類和應付考試的；但是我深知考試之後，不出三兩天——至多一周，我會把那些當時有四百多種蘋果的分類，還是要忘記得一乾二淨。[72]

對蘋果分類是種果學教學和考試內容之一，正是這種分類，最終使他做了「農學的逃兵」，見下文。胡適當時「年輕」、「記憶力好」和「努力」，對種果學學習是這樣，對氣象學、地質學和植物生理學等課程學習也是如此，所以他在這些課程考試時很可能得到不錯的成績。但由於他志不在此，尤其是從在農學院的第二學年開始，所以「考後不佳」：「不出三兩天——至多一周」，「忘記得一乾二淨」。

其三，他捨得買書。胡適承認「吾有書癖，每見佳書，輒徘徊不忍去，囊中雖無一文，亦必借貸以市之」[73]。這條日記雖記於一九一四年六月，但這種「書癖」他早已有了。在赴美國留學前半年，他在上海剛借到兩百五十元準備還債過年，還了兩百多元債後已經沒有多少錢了，還是「入肆得《巾箱小品》四冊，《讀書樂趣》四冊，《說詩樂趣》四冊，《芸窗異草》十二冊，以一元二角購之以歸」[74]。這種「書癖」也被他帶到了美國。在一九一〇年一月卅日至十月卅日這九個月中，他共買了五種書，包括著名的《五尺叢書》。辛亥年正月初一，他在日記裏記下了一件令他「極滿意」的事：

今日《五尺叢書》寄來，極滿意。《五尺叢書》（Five Foot Shelf）又名《哈佛叢書》（Harvard Classics），是哈佛校長伊裏

---

72 《胡適口述自傳》，頁47。
73 《胡適日記全編》（1），頁309，一九一四年六月三十日日記。
74 己酉年十二月三十日（1910年2月9日）日記，《胡適日記全編》（1），頁11。

鶚（Eliot）主編之叢書，收集古今名著，印成五十巨冊，長約
五英尺，故有「五尺」之名。[75]

　　這套叢書價格不菲，估計要超過他當時每月的生活費（八十美
元）[76]。另四種書是「拉丁文文法」（這是他課外學拉丁文的教材）、
「Webster 大字典」（《韋伯斯特英語大詞典》，當時價格二十美元）、
「C. Lamp 尺牘」和「Henry George's Progress and Poverty」（亨利・
喬治《進步與貧窮》）[77]，可見他買書捨得花錢。

　　其四，他在課內外讀了很多書。先說中文書籍，胡適出國時帶了
包括《十三經注疏》等在內的一大批書[78]。難能可貴的是，帶到美國

---

75 《胡適日記全編》（1），頁63，一九一一年一月三十日日記。《五尺叢書》於一九○
　　一年初版，我國萬卷出版公司二○○六年引進出版，取名《哈佛叢書》。「伊裏鶚」
　　現在一般譯為查理斯・愛略特（Charles W. Eliot, 1834-1926），他一八六九年被任命
　　為哈佛大學校長（當時僅卅五歲），連續任職四十年，哈佛大學在此期間得到很大
　　發展。

76 清華留美學生的生活費以後有調整，據一九一七年赴美的吳宓說：「清華規定，留
　　美學生（不問在何地何校），每月發給生活用費美金六十圓整（一切在內。惟因重
　　病，久住醫院，或動外科手術者，由駐美學生監督處接到醫院正式報告及帳單後，
　　直接匯付醫院清結）。至於學費Tuition Fee一項，則不論多少，悉由監督處直接匯付
　　學校（學生可不知，不問），以免學生為圖省得錢自用，故意選擇學費低廉之壞學
　　校，用意至善且周。」（《吳宓自編年譜》，頁164）。當時在美國留學，食宿算在一
　　起約每月三十至四十美元，所以唐德剛說：「那時的庚款留學生，學雜費之外，每
　　月生活費八十美元，實在是個了不起的大數目。」（《胡適口述自傳》，頁83）

77 「C. Lamp 尺牘」是查理・蘭伯（Charles Lamp, 1775-1934）編著的一本英文書信寫
　　作教材，收錄了十八世紀初至十九世紀末十五位作者的書信。一九三一年上海北新
　　書局作為《自修英文叢刊》之一出版（石民譯注），書名改為《英國文人尺牘選》。
　　亨利・喬治的《進步與貧窮》是胡適在美國想起馬君武當年在上海的推薦而購買
　　的。唐德剛認為，亨利・喬治是「影響孫中山思想最大的美國思想家」，見《胡適
　　口述自傳》，頁56。

78 胡適在留學期間寫的一首詩裏有「帶來千卷書，一一盡分送」（「別叔永、杏佛、覲
　　莊」，見1917年6月1日日記，《胡適日記全編》（2），頁592）一句，如果這是「真

的這些書沒有被他束之高閣，而是不時被他請下書架。從他辛亥日記可以看到，僅在這九個月裏他就在課餘讀了十多種書，其中不少讀了多次，見表4-2：

表4-2　胡適一九一一年一月卅日至十月卅日閱讀的中文書籍

序號	書名	備註
1	《左傳》	有三次閱讀記載[79]
2	〈古詩十九首〉	
3	《國粹學報》[80]	
4	《杜詩》	
5	《詩經》	有五次閱讀記載
6	《說文解字》	
7	《水滸》	
8	王安石：《臨川集》	有三次閱讀記載
9	《馬氏文通》	
10	《鷗堂日記》[81]	
11	《陶淵明詩》	有二次閱讀記載
12	謝靈運：《謝康樂詩》	

實」而不是「詩」（周作人語）的話，則被他帶到美國的書是相當驚人的。幸虧他當時是乘船去美國，如果是乘飛機，行李肯定超重。

79　一九一一年四月八日日記：「讀《左傳》畢。計余自去冬讀此書，至今日始畢。」（《胡適日記全編》（1），頁83）可見他讀《左傳》，肯定不止三次，而是斷斷續續讀了幾個月。

80　《國粹學報》是鄧實、章炳麟、劉師培等在上海主辦的一本國學研究月刊，一九〇五年二月創刊，一九一一年九月停刊，共出了八十二期。該刊宗旨是「發明國學，保存國粹」，用文言文撰稿。

81　「鷗堂」，周星譽（1826-1884）室名。周星譽是道光、咸豐年間浙東文人團體「益社」領袖，《鷗堂日記》記太平天國時期社會狀況，頗有史料價值。

序號	書名	備註
13	《荀子》	有七次閱讀記載
14	顏元：《顏習齋年譜》	
15	《俠隱記》（即《三個火槍手》）	有二次閱讀記載

　　其中除了《馬氏文通》和《顏習齋年譜》是朋友寄給他的（寄給他的還有《藝舟雙楫》和《廣藝舟雙楫》，但在他日記裏沒有閱讀記載），其它都是他帶到美國的。

　　胡適不僅讀了這些書，還在日記裏不時寫下一些心得。例如讀《水滸》後寫道：「久不看此書，偶一翻閱，如對故人，此書真是佳文。余意《石頭記》雖與此異曲同工，然無《水滸》則必不有《紅樓》，此可斷言也。」[82]讀《詩經》後則對一些傳統說法表示懷疑，並動手寫了一篇文章。可見他讀書不是「隨便翻翻」，而是用功夫的。正是這種讀書，使他寫出的這篇文章讓蔡元培眼睛一亮，見下文。

　　再說西文書籍。胡適在辛亥日記裏記有很多西文書籍，其中既有教材，也有「閒書」，有些容易分辨，有些很難。既然如此，下面一併列表錄出，藉此機會也可看看當時美國大學的英文、德文教學內容（屬於教材的在備註欄說明；加*的可能是教材，也可能不是；不加*的肯定不是教材），見表4-3：

82　《胡適日記全編》（1），頁102，一九一一年六月七日日記。

表4-3　胡適一九一一年一月卅日至十月卅日
閱讀的西文書籍（含教材）

序號	書名	備註
1	狄更斯：《雙城記》	
2	莎士比亞（胡適譯為「蕭思璧」）：《亨利四世》	英文教材
3	《虛馨傳》（Huhnchen）	德文教材
4	莎士比亞：《羅密歐與茱麗葉》	英文教材
5	凱勒：《人靠衣裝》（Kleider Machen Leute）	德文教材
6	《美國獨立宣言》*	
7	林肯：《葛底斯堡演說》*	
8	達爾文：《物種起源》*	
9	斯密斯：《中國與美國》（China and America）	
10	斯密斯：《中國的崛起》（The Uplift of China）	
11	濟慈：《聖愛格尼斯之夜》（The Eve of St. Agnes）*	
12	霍威爾斯：《塞拉斯・拉帕姆的發跡》*	
13	莎士比亞：《無事生非》	英文教材
14	莎士比亞：《哈姆雷特》	英文教材
15	萊辛：《明娜・馮·巴爾赫姆》（Minna von Barnheim）	德文教材
16	《安德魯・懷特自傳》（Andrew White）	傳主曾任康奈爾大學校長
17	萊辛：《明娜・馮・巴爾赫姆》英譯本	《五尺叢書》收有該書
18	《康奈爾傳》（Ezra Cornell）	傳主係康奈爾大學創辦人
19	果戈理：《欽差大臣》英譯本*	胡適譯為「員警總監」

序號	書名	備註
20	《培根論說文》（Bacon's Essays）	英文教材
21	愛默生（Emerson）：《友誼》（Friendship）	英文教材
22	艾迪生和斯梯爾：《旁觀者》（Spectator）	英文教材
23	詹森（Johnson）：《艾迪生傳》（Addison）*	
24	歌德：《赫曼和多羅西亞》（Hermann and Dorothea）	德文教材
25	《艾迪生和斯梯爾傳》（Addison and Steels）*	
26	麥考利（Macaulay）：《艾迪生傳》（Addison）	
27	麥考利（Macaulay）：《利‧亨特》（Leigh Hunt）	
28	麥考利（Macaulay）：《拜倫》（Byron）	
29	薩克雷（Thackeray）：《斯威夫特》（Swift）*	
30	《馬太福音》	
31	班揚（Bunyan）：《天路歷程》（Pilgrim's Progress）	
32	柏拉圖：《蘇格拉底的辯護》（Apology of Socrates）	
33	Fosdick：The Second Mile*	
34	H. Begbie：《轉世人》（Twice-born Men）*	
35	撒母耳‧丹尼爾（Samuel Daniel）「情詩數章」	
36	喬治‧艾略特：《織工馬南》（Silas Marner）	
37	The Mill on the Floss	小說，作者不詳
38	《愛默生散文》（Emerson's Essays）	
39	《五尺叢書》中之「Tales」	Tales指包含驚險內容的故事
40	麥考利（Macaulay）：《歷史》、《詹森》	
41	密爾頓：Lallegro	
42	「密爾頓稍短之詩」	
43	德文詩：Lyrics and Ballads	

序號	書名	備註
44	莎士比亞：《李爾王》	
45	莎士比亞：《暴風雨》	
46	莎士比亞：《麥克佩斯》	
47	德萊頓（Dryden）：《一切為了愛》（All for Love）	劇本
48	大仲馬：Son of Porthos	小說
49	司各特：Fortunes of Nigel	
50	《鐵面人》（Man in the Iron mask）	小說，作者不詳
51	C. Lamp 尺牘	
52	希臘語語法	
53	索福克勒斯：《奧狄浦斯王》	希臘語
54	亨利・喬治《進步與貧窮》（Progress and Poverty）	
55	華茲華斯（Wordsworth）：Tintern Abbey	英文教材
56	德・昆西（De Quincy）：The Knocking	英文教材
57	伯克（Burke）：The Age of Chivalry is gone	英文教材
58	薩克雷（Thackeray）：Round about Papers	英文教材
59	「Newman文」[83]	英文教材
60	「俄國短篇小說數則」	大約是英譯本

注：表4-3根據《胡適日記全編》（1）製作。

其中，《馬太福音》有六次閱讀記載，時間集中在七月後，這顯然與他當年六月的一次經歷有關，見下文。其次是《雙城記》，有四次閱讀記載。

與讀中文書籍一樣，胡適讀了西文書籍後也不時在日記裏寫些

---

83 Newman 約指 John Henry Newman（1801-1890），英國基督教聖公會內部牛津運動領袖，後改奉天主教，著有《論教會的先知職責》、《大學宣道集》等。

「讀後感」。例如：讀了《美國獨立宣言》，「覺一字一句皆捫之有
稜，且處處為民請命，義正詞嚴，真千古至文。吾國陳、駱何足語
此！」[84]讀了《羅密歐與茱麗葉》，認為「此書情節殊不佳，且有甚支
離之處。然佳句好詞亦頗多，正如吾國之《西廂》，徒以文傳者
也」[85]。讀了《欽差大臣》，認為「寫俄國官吏現狀，較李伯元《官
場現形記》尤為窮形盡相」[86]。讀了《培根論說文》，認為「倍根有學
而無行，小人也。其文如吾國縱橫家流，狹權任數而已」[87]。又說
「倍根之〈建築〉、〈花園〉兩文，皆述工作之事，惟此君為英王進土
木之策，其逢迎之態，殊可嗤鄙」[88]。

　　胡適在辛亥年的九個月裏閱讀的中西文書籍大抵就是這些。一個
農學專業的學生能在教材之外讀這麼多「閒書」，真可謂用功了。

　　其五，他有自己的讀書方法。胡適自己的讀書方法中最突出的一
點是敢於懷疑，下節將聯繫他離開家鄉後帶的第三件「防身之具」一
併討論。這裏只介紹他在辛亥年的一封信。

　　胡適在美國讀書期間與他在國內的朋友保持聯繫，不時在信中討
論學習等問題，其中也提到了學習方法。例如一九一一年六月十七
日，他在給同鄉「小兄弟」章希呂的信中說：

　　　一，讀書非畢一書，勿讀他書；
　　　二，每日常課之外，須自定課程而敬謹守之；

84　《胡適日記全編》(1)，頁75，一九一一年三月九日日記。「陳、駱」指陳琳、駱賓
　　王。
85　《胡適日記全編》(1)，頁76，一九一一年三月十四日日記。
86　《胡適日記全編》(1)，頁87，一九一一年四月二十日日記。
87　《胡適日記全編》(1)，頁89，一九一一年四月二十五日日記。
88　《胡適日記全編》(1)，頁91，一九一一年五月四日日記。

三，時時自警省，如懈怠時，可取先哲格言如：「人而無恒，不可以作巫醫。（古諺）」「德不進，學不勇，只可責志。（朱子）」「精神愈用則愈出。（曾文正）」之類置諸座右，以代嚴師益友，則庶可有濟乎？[89]

這三條建議雖然是對朋友說的，但也是他「夫子自道」。從他辛亥日記可以看到，他讀書，基本上也是讀畢一冊才換新書；他除了農學專業的「常課」之外，也有「自定課程」，如自學國文、拉丁文等。至於「時時自警省」，他「自警省」的卻不是學習，而是抽煙，僅在辛亥日記裏就有兩次「自警省」，用詞沉痛，可惜效果不佳，以至到一九一六年八月，他承認自己「未可全斷淡巴菰」[90]。一九五九年他有一幅與蔣夢麟、梅貽琦在一起的照片，每人手中都拿著一支菸，可見到晚年他還是「未可全斷淡巴菰」。

客觀地說，這三條建議沒有任何新意，但是它們出自胡適之口卻殊為難得，因為一年多前，他還在上海「昏天黑地裏胡混」呢。

其六，他對學習有了新的看法。所謂新，指這些看法在他以往寫的文章和日記中沒有出現過。一九一一年十二月十五日，針對章希呂來信說「明歲可畢業，但境遇逼人，恐無再入學之望」以及「將以畢業自弔」等悲觀想法，他在回信中說，

歐美學校謂卒業之日為 Commencement Day，譯言肇始之日也。細尋繹其義，深可玩味，蓋學問無窮，人生有限，終無畢業之期，此校卒業之日，即他種事業肇始之時。卒業之學生或

---

89 致章希呂，《胡適書信集》，頁21。
90 贈朱經農（1916年8月31日），《胡適日記全編》（2），頁470。

另入他種更高等學校，或輟學執業謀生養家，其實皆新事業肇始之時也。故不名之曰卒曰畢，而名之曰肇始，此其意深可思也。今弟卒業在即。卒業之後倘能再習高等學問固屬佳事；即不能如此而改就他事，或作教師，或謀公益，亦未嘗不可賀乎？弔云乎哉！天下學問不必即在校舍講堂之中，不必即在書中紙上，凡社會交際，觀人論世，教人授學，治一鄉一國，皆是學問也。社會乃吾人之講壇，人類皆吾人之導師，國家即吾人之實驗室。果能持己以誠，卑以接物，虛懷而受，放眼以觀，則何適而非問學，何適而非學校乎？[91]

這些說法顯然是積極的，頗有「生命不息、學習不止」、「活到老、學到老」的意味。一九五二年十二月在臺東縣體育場聽胡適演講的那些聽眾，如果知道他在早年寫過這封信，大概會同意一個判斷：他在演講時說的「也許我以後還要學學水利工程亦未可知」這句話[92]，並非完全是戲語。

總之，胡適在異國「已習於學」，成績良好，捨得買書也看了很多書，有自己的讀書方法，也有對學習的新的看法。從這些證據來看，說他把「一點點用功的習慣」帶到了美國，胡適本人也會承認的吧。

辛亥年正月初一這天，胡適在日記裏除了記考試、記給母親寫信、記收到《五尺叢書》之外，還記了他寫的一首詩：

永夜寒如故，朝來歲已更。層冰埋大道，積雪壓孤城。
往事潮心上，奇書照眼明。可憐逢令節，辛苦尚爭名。[93]

91 致章希呂，《胡適書信集》（上冊），頁23、24。

92 胡適：〈中學生的修養和擇業〉，《胡適文集》（12），頁535。

93 《胡適日記全編》（1），頁63，一九一一年一月三十日日記。

「朝來歲已更」，指庚戌更替為辛亥。第二句寫景，在綺色佳，當年「大雪深尺許」。第三句中的「往事」，似乎應該包括去年三月以來他個人歷史上的天翻地覆；「奇書」指當天送來的《五尺叢書》。當時他做夢也不會想到，以後竟有人會送他這部「奇書」。據他學生和晚年秘書胡頌平回憶，一九六一年二月七日，

> 今天飯桌上，先生談起「以前想買書而買不起，等到有了地位可以買得起的時候，你倒不要去買，人家都會送給你的。你看，」指著飯桌兩旁的書架，「這些書，如《哈佛古典叢書》（即《五尺叢書》）、《大英百科全書》、《二十五史》等，全是人家送我的。這部《四部叢刊》編印本，也是朋友送我的。」[94]

「以前想買書而買不起」的事例，在他辛亥日記裏就有一例。一九一一年九月卅日，他「偶見『Little Visits With Great Americans』一書，甚愛之」[95]，但沒有買下，想來當時囊中羞澀。一九六一年的胡適，早已不復這種窘境，只是垂垂老矣，雖然有人送書，但讀書的日子已不多了，一年後就與世長辭了。第四句中的「令節」指舊曆新年；「辛苦尚爭名」，指這幾天為了期末大考考個好成績而「溫課」，甚至溫到「連日失眠」的程度。當時的胡適肯定沒有想到，這樣的辛苦在他一生中不過是個插曲，至少在美國，他還有六年這樣的辛苦。

一點點懷疑的傾向

這是胡適離開家鄉後帶的第三件「防身之具」。與「一點點用功

---

94 胡頌平：《胡適之先生晚年談話錄》，頁105。
95 《胡適日記全編》（1），頁140，一九一一年九月三十日日記。

的習慣」一樣，這件「防身之具」也在家鄉初步形成，後被他帶到上海，一九一〇年九月又被他帶到美國。

胡適的一生是用功的一生，也是懷疑的一生。這兩者互有聯繫：正因為用功，所以他讀書不會囫圇吞棗，照單全收，而是能在常人不疑處有疑；也正因為有疑，所以他更要用功，以拿出證據，證明一種看法能夠成立或不能成立。從對《紅樓夢》的考證到對《水經注》的研究，胡適處處表現出「一點點懷疑的傾向」，而「大膽假設、小心求證」、「拿證據來」和「還他一個本來面目」等名言則成了他的經典語錄。

胡適小時候就有了「一點點懷疑的傾向」，首先懷疑的是「死後審判的觀念」。他在〈我的信仰〉中說：

> 我係生長在拜偶像的環境，習於諸神兇惡醜怪的面孔，和天堂地獄的民間傳說。我十一歲時，一日，溫習朱子的《小學》，這部書是我能背誦而不甚瞭解的。我念到這位理學家引司馬光那位史家攻擊天堂地獄的通俗信仰的話，這段話說：「形既朽滅，神亦飄散，雖有剉燒舂磨，亦無所施。」這話好像說得很有道理，我對於死後審判的觀念，就開始懷疑起來。[96]

「剉燒舂磨」指傳說中人死後在地獄遭受的刑罰。這是發生在他十一歲時的事。不久讀《資治通鑑》，讀到第一三六卷中司馬光引范縝的一段話：

> 形者神之質，神者形之用也。神之於形，猶利之於刀。未聞刀沒而利存，豈容形亡而神在哉？

96　胡適：〈我的信仰〉，《胡適文集》（1），頁8、9。

他「覺得非常明白，非常有理」，因為「沒有刀子，便沒有刀子的『快』，那麼沒有形體，還能有神魂嗎？」范縝的這卅五個字，把他「腦子裏的無數鬼神都趕跑了」，從此以後，他說自己就「不知不覺的成了一個無鬼無神的人」[97]。接著他又在《資治通鑑》上讀到范縝反對因果輪迴說的事。有人問范縝，「君不信因果，何得有富貴貧賤？」范縝的回答是：

> 人生如樹花同髮，隨風而散；或拂簾幌，墜茵席之上；或關籬牆，落糞溷之中。墜茵席者，殿下是也；落糞溷者，下官是也。貴賤雖復殊途，因果竟在何處？

他讀了范縝不信因果的比喻，「心裏非常高興，膽子就大的多了」，因為他「小時聽慣了佛家果報輪迴的教訓，最怕來世變豬變狗」[98]。「中國古代道德家，常以善有善報，惡有惡報為訓」，而范縝的話使他懂得，這些說法「在現實生活中並不真確」[99]。

由於讀了司馬光和范縝的這些話，胡適說「我在十一二歲時便已變成了一個無神論者」[100]。這個「無神論者」在十三歲時還差點做成一件「驚天動地」的事：一九〇三年新年裏，他在路上看到一個村口

97　胡適：《四十自述》，《胡適文集》（1），頁61。

98　胡適：《四十自述》，《胡適文集》（1），頁62。

99　胡適：〈我的信仰〉，《胡適文集》（1），頁9。

100　胡適：《四十自述》，《胡適文集》（1），頁59、60。據周作人說，魯迅在青少年時期也受到〈神滅論〉的影響。他在〈魯迅的國學和西學〉中說，魯迅「不相信禪宗，卻岔開去射獵《弘明集》，結果覺得有道理的還是范縝的〈神滅論〉」。在〈魯迅與中學知識〉中說，「有一部《弘明集》，是討論佛教的書，中間有梁朝范縝作的一篇〈神滅論〉，這給了他很大的益處。……這便給魯迅種下了唯物思想的根，後來與科學知識、馬列主義相結合，他的思想也就愈益確定了。」見周作人：《魯迅的青年時代》，頁42、51。

亭子裏供著幾座神像，就對同行的外甥說：「我們來把這幾個爛泥菩薩拆下來拋到茅廁裏去，好嗎？」[101]只是因為他外甥等人堅決勸阻，他才沒有干成這件大事，不過還是向神像投擲了幾顆石子。

　　在上海讀書時，胡適繼續表現出「一點點懷疑的傾向」。進梅溪學堂後不久，老師上課時把出自《易經・繫辭傳》的一句話誤說成出自《左傳》，他沒有因為是老師說的就深信不疑，而是大膽懷疑，大膽指出，從而創下了「一天之中升了四班」的記錄。

　　在中國公學辦《競業旬報》時，他寫了幾十篇文章，其中很多都可以說是他懷疑的產物，因為如果沒有懷疑並確信自己的懷疑是正確的，對當時一些被認為是「天經地義」的觀念、司空見慣的現象，他不可能撰文予以批評。例如：

　　在〈敬告中國的女子〉中，他痛斥視女人為「玩物」的舊思想和「女子無才便是德」這種「放屁話」，告誡「中國的女子，若不情願做廢物，第一樣不要纏腳，第二樣便要讀書」[102]。

　　在〈婚姻篇〉中，他指責我國傳統的婚姻制度「極隨便極放任」，並提出了兩個「救弊之法」一是「父母主婚」，一是「兒女有權干涉」[103]。

　　在〈無鬼叢話〉中，他「拉雜書生平所最服膺之嘉言懿行足資吾『無鬼』之談者，一一布之，抑亦覺世之一助歟」[104]。

　　在〈東洋車夫〉中，他批評一些中國人「媚外」這「一樁極可恥

---

101 胡適：《四十自述》，《胡適文集》（1），頁62。

102 《競業旬報》第三至五期，一九〇六年十一月十六日至十二月六日。《胡適文集》（9），頁418、424。

103 《競業旬報》第二十四、二十五期，一九〇八年八月十七日至二十七日。《胡適文集》（9），頁481、482。

104 《競業旬報》第二十五、二十六、二十八、三十二期，一九〇八年八月二十七日至十一月四日。《胡適文集》（9），頁485。

事情」，認為「媚外」便是「拍外國人馬屁」，而這「拍馬屁可拍錯了，拍馬屁拍到馬腳上去了」[105]。

在〈論毀除神佛〉中，他明確指出「神道是無用的」，「神佛是有害的」，並說「我國上至皇帝，下至小官，都是重重迷信的，什麼香哪！大廟哪！……這種混帳東西的行為，列位切不可學也，學了他們，便是混帳」[106]。

在〈論承繼之不近人情〉中，他批評「人死之後，把兄弟之子來承繼」這種舊傳統，認為是我國幾千年來一件「最傷天理最傷倫理豈有此理的風俗」[107]。

在〈獨立〉中，他說「靠天」和「靠人」是中國人的兩種「大毛病」，前者如「做商人的，只曉得拜財神，拜關帝」，後者如「做國民的，只靠皇帝，只靠政府，無論什麼亡國滅種的天大事情，只曉得睜開眼睛，望著人家，說……我們這些眇眇小人，哪裏配做這些大事，我們只好睜開眼睛安享其成就是了」[108]。

在〈苟且〉中，他認為「苟且二字，在我們中國真可以算得一場大瘟疫了」，「我們祖國數千年來的文明、數千年來的民族精神，都被這兩個字瘟死了」。以民族精神來說，他痛恨「今年你來做皇帝，他也服服帖帖的，明年他來做皇帝，他也服服帖帖的，不管是人是狗，他都肯服事」的「苟且」現象[109]。

在〈曹大家《女誡》駁議〉中，他把班昭列為「我國女界」一個

105 《競業旬報》第二十七期，一九〇八年九月十六日。《胡適文集》（9），頁497。

106 《競業旬報》第二十八期，一九〇八年九月二十五日。《胡適文集》（9），頁512、514。

107 《競業旬報》第二十九期，一九〇八年十月五日。《胡適文集》（9），頁515。

108 《競業旬報》第三十五期，一九〇八年十二月四日。《胡適文集》（9），頁563。

109 《競業旬報》第三十六期，一九〇八年十二月十四日。《胡適文集》（9），頁571、572。

「大罪人」，因為班昭在《女誡》中「說了許多卑鄙下流的話」，被男人用來「壓制我們的姊姊妹妹」[110]。

……

此外他在《競業旬報》新聞欄裏還寫了不少短文，對反動、腐朽的清政府及其大員（端方、蔭昌、徐世昌、袁世凱、岑春煊等）極盡諷刺挖苦之能事。這種諷刺挖苦，說到底就是對清政府投下了一張不信任票，而這種不信任自然也首先來自懷疑。

二十世紀六〇〇年代，李敖「再一次展讀」了胡適在《競業旬報》上發表的文章，「依然為之神往」[111]。我們今天讀這些文章，也「依然為之神往」。

胡適雖然早在家鄉和上海讀書期間就有了「一點點懷疑的傾向」並寫了不少文章，但是把這種「傾向」寫成一篇像模像樣的學術論文，還在他到了美國後。

一九一一年五月十一日，胡適有如下一則日記：

> 夜讀〈小雅〉至〈彤弓〉。「受言藏之」、「受言之」等句，忽大有所悟。余前讀詩中「言」字，漢儒以為「我」也。心竊疑之。因摘「言」字句凡數十條以相考證，今日始大悟，因作〈言字解〉一篇。[112]

從他辛亥日記可以看到，這天是他當年第五次讀《詩經》。前幾次讀時，他就對漢儒把其中的「言」字解釋為「我」表示懷疑，今夜

---

110 《競業旬報》第三十七至三十九期，一九〇八年十二月二十三日至一九〇九年一月十二日。《胡適文集》（9），頁576。

111 李敖：《胡適評傳》，頁196。

112 《胡適日記全編》（1），頁93，一九一一年五月十一日日記。

再讀，「忽大有所悟」，於是「作〈言字解〉一篇」。

〈言字解〉全名叫〈詩三百篇言字解〉。胡適在文章中首先指出，傳統用來解釋《詩經》的《爾雅》這部古書「不足據」，研究《詩經》「宜從經入手，以經解經，參考互證，可得其大旨。此西儒歸納論理之法也」。然後提出了對《詩經》中一百多個「言」字的看法：

> （一）言字是一種挈合詞（嚴譯），又名連字（馬建忠所定名），其用與「而」字相似。按《詩》中言字，大抵皆位於二動詞之間，如「受言藏之」……皆用以過遞先後兩動詞者也。……
>
> （二）言字又作乃字解。……《詩》中「言告師氏，言告言歸」，皆乃字也。猶言乃告師氏，乃告而歸耳。……
>
> （三）言字有時也作代名之「之」解。……如〈終風〉篇，「寤言不寐，願言則嚏」。鄭《箋》皆作我解，非也。上言字宜作而字解，下言字則作之字解。……[113]

在胡適個人寫作史上，這篇〈言字解〉擁有多項「第一」：公開發表的第一篇學術文章（一九一三年一月登載在《留美學生年報》上，同年八月登載在上海《神州叢報》上），第一篇國學研究文章，第一篇考據文章（如果不考慮去年七月他在留美考試時寫的〈不以規矩不能成方圓說〉的話，見本書第五篇），第一篇運用歸納法的文章，收錄在《胡適文存》裏的第一篇文章。擁有這麼多「第一」的文章，胡適自然到了晚年也不會忘記，但是在口述自傳時，他首先不是說當年自己怎樣運用歸納法，把「《詩經》上所有『言』字的用法歸

---

113 胡適：〈詩三百篇言字解〉，《胡適文集》（2），頁169-171。

納在一起」，比較、印證它們「在不同的詞句裏的用法」，而是說「在
這篇文章裏，至少也可看出我自己治學懷疑的精神」[114]。這樣說是對
的，因為沒有這種「治學懷疑的精神」，歸納法運用得再好也是無濟
於事的。事實上在寫〈言字解〉之前一個月，胡適就對講《詩經》的
幾部權威著作（「毛傳」、「鄭箋」、「孔疏」）表示懷疑：

> 漢儒解經之謬，未有如《詩》箋之甚者矣。蓋詩之為物，本乎
> 天性，發乎情之不容已。詩者，天趣也。漢儒尋章摘句，安可
> 言詩？而數千年來，率因其說，坐令千古至文，盡成糟粕，可
> 不痛哉？故余讀《詩》，推翻毛傳，唾棄鄭箋，土苴孔疏，一
> 以己意造《今箋新注》。自信此箋果成，當令《三百篇》放大
> 光明，永永不朽，非自誇也。[115]

「土苴」出自《莊子》，「猶土渣。比喻極輕賤的事物」（《辭
海》），這裏名詞作動詞用。〈言字解〉顯然就是這種懷疑的產物。可
惜這部《今箋新注》和他想寫的《德文漢詁》一樣，最後無疾而終。

〈言字解〉雖然是懷疑的產物，但懷疑未必都是可以成立的。胡
適自己在該文結尾說：「以上三說，除第三說尚未能自信，其它二
說，則自信為不易之論也。」[116]不過衡量一篇文章的價值，作者的自
信是不作數的，在作者個人寫作史上擁有多項「第一」也是不作數
的，作數的是當時學界的評價。一九八四年之前，沒有任何資料可以
顯示當時學界或個別學者有對這篇文章的評價。一九八四年，胡頌平
在《胡適之先生年譜長編初稿》中透露了一條重要消息：

---

114 《胡適口述自傳》，頁124。
115 《胡適日記全編》（1），頁84，一九一一年四月十三日日記。
116 胡適：〈詩三百篇言字解〉，《胡適文集》（2），頁169-171。

（胡）先生生前曾對編者偶然說起：蔡先生看到我十九歲時寫的〈詩三百篇言字解〉一文後，便要聘我到北大教書。[117]

「蔡先生」即蔡元培，他是前清翰林，又在德國留過學，道德文章都為世人公認，以後又出任民國第一任教育總長。胡適的這篇文章既然能得到他的認可，說明該文在當時具有相當的水準。

胡頌平的說法雖是「孤證」，但可信度很大。理由有二。其一，胡適在一九一七年六月進北大前已因剛開始的文學革命而「暴得大名」，這樣一位「先進人物」進北大教書，即使沒有寫過〈言字解〉也很自然，所以他沒有必要為自己進北大編造理由。其二，蔡元培對胡適的「漢學」水準確實是欣賞的，一九一九年他在致林琴南的信中說：「胡君家世從學，其舊作古文雖不多見，然即其所作《中國哲學史大綱》言之，其了解古書之眼光，不讓於清代乾嘉學者。」[118]胡適的「舊作古文」他「雖不多見」，但見過的文章中很可能有這篇〈言字解〉。余英時認為胡適「能進北京大學任教則主要還是靠考據文字」[119]，似乎也默認了胡頌平的說法，因為胡適在進北大之前發表了四篇考據文字，〈言字解〉就是其中之一。

不過按半世紀後的標準來看，胡適這篇文章的學術價值就要打個折扣了。二十世紀七〇年代末，唐德剛在《胡適雜憶》中說，「胡先生雖然也寫過一些〈言字解〉、〈吾我篇〉、〈爾汝篇〉等文章，但是嚴格地說起來，這些都只能說是學者們『妙手偶得』的讀書札記。一鱗

---

117 胡頌平：《胡適之先生年譜長編初稿》，頁294。羅爾綱：《師門五年記・胡適瑣記》頁45注，引用了胡頌平的資料。

118 《知堂回想錄》，頁399、400。蔡元培說的「胡君家世從學」有誤，參閱《胡適口述自傳》，頁17。

119 余英時：《中國近代思想史上的胡適》，《余英時文集》（第五卷），頁259。

半爪，算不得在『文字學』（philology）上有什麼了不起的貢獻」[120]。
何炳棣很尊敬胡適，認為胡適先生「不世出」，但也曾把胡適搞的
《水經注》稱為「雕蟲小技」[121]，既然如此，這篇〈言字解〉在他眼
裏可能更不值一提了。

　　對同一篇文章的價值，不同時代有不同的評判，實在很正常。因
為正是這種「不同」，說明了時代在前進，學術在發展，學者們的水
準在提高。所謂「江山代有才人出，各領風騷三百年」。（當然，歷史
長河裏也會出現與上述「前進」、「發展」、「提高」相反的情況，但
「青山遮不住，畢竟東流去」，總有一天會出現胡適欣賞的「到得前
頭山腳盡，堂堂溪水出前頭」景象。）更何況在胡適這篇文章「領風
騷」的時候，他還是一個不滿二十歲的非文史專業學生。

　　當然，胡適的運氣也真好。他這篇文章如果沒有被蔡元培看到，
以後的事情就很難說了，因為他人也有唐德剛說的這種「妙手偶
得」，結果卻不一樣，例如錢穆。一九一四年錢穆在家鄉小學教書，
據他回憶：

> 一夕，深夜，月光照床而醒。一足觸帳外牆壁，忽念「臂」與
> 「壁」皆形聲字。「辟」屬聲，但「臂」在身旁，「壁」在室
> 旁，凡辟聲似皆有旁義：如「避」，乃走避一旁；「璧」，乃玉
> 懸身旁；「嬖」，乃女侍在旁；「譬」，乃以旁言喻正義；「癖」，
> 乃旁疾非正病。「躄」，乃兩足不正常，分開兩旁，盤散而行；
> 「劈」，乃刀劈物分兩旁。如是凡辟聲皆有義，此即宋人所謂
> 右文也。是夜在床興奮不寐，連思得形聲字十數例。翌晨上第

120 唐德剛：《胡適雜憶》（廣西師範大學出版社，2005年8月），頁124。
121 唐德剛：《胡適雜憶》，頁108、117。

一堂國文課，不講課文，乃講昨夜枕上所得。[122]

但錢穆就沒有胡適這樣幸運了，他在課堂上講的「昨夜枕上所得」，僅僅被縣裏派來聽課的督學聽到。這位督學雖然「歸後竟詳細作一筆記報導，登載在縣署所發佈之月刊上」[123]，但終因人微言輕，此事就到此結束了。錢穆一九三一年到北大任教，還是在寫出《先秦諸子繫年》和《劉向劉歆父子年譜》以後的事。

胡適雖然早就有了「一點點懷疑的傾向」並以之作為「防身之具」之一，到美國後還通過自學把這種「傾向」寫成一篇讓蔡元培點頭的文章，但這種「傾向」有時也會變向，這件「防身之具」有時也會失靈。此外有意思的是，胡適在辛亥年竟然還懷疑到自己頭上：在康奈爾大學選的專業「是否已鑄成大錯」？並且最後以肯定自己的懷疑告終。請看下文。

我幾乎做了基督徒

令人意想不到的是，就在堅持「一點點懷疑的傾向」並寫了〈言字解〉後一個多月，胡適卻「幾乎做了基督徒」。

這件事始於一九一一年六月十三日，這天下午，胡適離開綺色佳，去兩百三十多公里外的宇可諾松林區（Pocono Pines）參加「中國基督教學生會」舉辦的一次夏令會。胡適所以去參加這種夏令會，應該說是事出有因。

三天前，胡適結束了第二學期期末考試，「第一學年畢矣！」這次大考他雖然自我感覺考得不錯，英文的「得免考」更使他「心頗自

---

122 錢穆：《八十憶雙親‧師友雜憶》（嶽麓書社，1986年7月），頁73、74。

123 錢穆：《八十憶雙親‧師友雜憶》（嶽麓書社，1986年7月），頁74。

喜」，但這些天他的心情卻很不好，原因是六月八日，他「得怡蓀一
書，知樂亭已於三月二十六日謝世」。「怡蓀」即許怡蓀，「樂亭」即
程樂亭，他們均是胡適的同鄉好友，後者「其人沉毅，足以有為」，
在胡適去年醉酒事件後曾同許怡蓀等一起，對胡適做了一些工作，是
促使胡適「蘇醒」的「有功人士」之一。他還在經濟上給胡適「雪中
送炭」，去年七月胡適去北京參加留美考試前，手頭很緊，他「以百
金相假」，胡適才「始克成行」。因此他的去世，胡適「聞之傷感不
已」[124]。胡適在〈我的信仰〉中說，「當意氣頹唐的時候，我對於基
督教大感興趣」[125]，這裏的「意氣頹唐」，就是指他當時因為程樂亭
去世而精神萎靡不振。

　　在六月十七日致章希呂的信中，胡適對去參加這次夏令會有更明
確說法：

> 樂亭之靈耗已於怡蓀手書中知之。自是以後，日益無聊。又兼
> 課畢終日無事，每一靜坐，輒念人生如是，亦復何樂。此次出
> 門，大半為此，蓋欲借彼中宗教之力稍殺吾輩悲懷耳。[126]

　　「彼中宗教之力」是否「稍殺」胡適的「悲懷」，從他辛亥日記
和書信中看不出來。看得出來的是，在他寫這封信時，「彼中宗教之
力」正使他「有奉行耶教之意」，並「日讀 Bible（《聖經》），冀有所
得耳」[127]。

　　這次夏令會會期五天（六月十四日至十八日），胡適在日記裏記

124　《胡適日記全編》（1），頁102，一九一一年六月八日日記。
125　胡適：〈我的信仰〉，《胡適文集》（1），頁16。
126　致章希呂（1910年6月17日），《胡適書信集》，頁20。
127　致章希呂（1910年6月17日），《胡適書信集》，頁21。

下了每天日程，一九一九年十月整理日記時又附了當時寫的兩封信。
下面來看「彼中宗教之力」是怎麼使他「幾乎成了基督徒」的。

　　十四日：這天是夏令會第一天，「是夜開會，穆德（Dr. John R.
Mott）演說，極動人。會已，為歡迎茶會」[128]。穆德今譯莫特
（1865-1955），是美國基督教衛理公會平信徒布道家，當時任基督教
青年會國際委員會學生幹事[129]。他這天講了些什麼，今天已不可能知
道了，但能使胡適感到「極動人」的，肯定很不一般。參加這個夏令
會的中國學生約有卅五人，其中包括原「中國公學同學陳紹唐君」，
胡適與他「不相見者三年矣」。從下文可以看到，這位「陳君」對胡
適「幾乎成了基督徒」起了重要作用。

　　十五日：這天「穆德演說二次」，聽後胡適感到「此君演說之能
力真不可及」[130]。還有一次經課（講述《聖經》的課）、一次討論
會，然後安排「遊湖」。晚上有夜會。

　　十六日：這天先由剛從上海歸來的李佳白（Gilbert Reid, 1857-
1927）講經課[131]，然後是兩個人演說，其中一人也剛從上海歸來；然
後是全體與會者合影。當天晚上也有夜會，胡適因「牙痛甚劇」，沒
有赴會。

　　十七日：這天上午先上經課，然後是李佳白主講的題為〈孔教之
效果〉討論會（胡適認為由李佳白來講是「一恥」）。討論會上有個洋

128　《胡適日記全編》（1），頁105，一九一一年六月十四日日記。

129　一九四六年，莫特由於「對國際教會運動和傳教運動有突出貢獻」而獲得諾貝爾
　　　和平獎，見《簡明不列顛百科全書》（6），頁73。

130　《胡適日記全編》（1），頁105，一九一一年六月十五日日記。

131　李佳白是美國基督教新教長老會傳教士，也是個著名的「中國通」。他一八八二年
　　　即來我國山東傳教，後走上層路線，與李鴻章、翁同龢等都有交往。辛亥革命時
　　　他公開支持清政府，以後又支持袁世凱復辟帝制。一九一三年著《尊孔》一書，鼓
　　　吹「孔教」與「耶教」合作。參閱《辭海》，頁1428。

人說，「君等今日有大患，即無人研求舊學是也」並「大稱朱子之功」，胡適聽後感到「如芒在背焉」[132]——早在編《競業旬報》時，他就不以朱子為然了。最後是一人演說，題為〈國際和平〉。下午為歡迎茶會，晚上有夜會。

　　十八日：這天是夏令會最後一天，也是胡適個人歷史上難忘的一天。上午先是題為〈祖先崇拜〉的討論會，然後上經課，講《馬太福音》第二十章第一至十六節，講得「極明白動人」。下面是胡適當天日記後半部分：

> 下午紹唐為余陳說耶教大義約三時之久，余大為所動。自今日為始，余為耶穌信徒矣。是夜 Mr. Mercer 演說其一身所歷，甚動人，余為墮淚。聽眾亦皆墮淚。會終有七人起立自願為耶穌信徒，其一人即我也。[133]

　　由此可見，胡適在這天晚上「起立自願為耶穌信徒」之前，已被這位「陳君」大約三小時說教「大為所動」，「陳君」對胡適當晚的「起立」表態可謂「功不可沒」。（胡適晚年口述自傳時的說法與日記有些不同：不是「起立自願為耶穌信徒，其一人即我也」，而是說「我當場保證我以後要去研究基督教。在我的日記裏，以及後來和朋友通信的函劄上，我就說我幾乎做了基督徒」[134]。）

　　關於當天晚上「自願為耶穌信徒」事和前幾天發生的事，胡適在廿一日給許怡蓀的信裏有更詳細說明：

132　一九一一年六月十七日日記，《胡適日記全編》（1），頁106。
133　一九一一年六月十八日日記，《胡適日記全編》（1），頁106。
134　《胡適口述自傳》，頁40。

……連日身所經歷，受感益深，昨日之夜，弟遂為耶氏之徒矣。想故人聞之，必多所駭怪，頗思以五日以來感人最甚之事為足下言之。

方弟入中國公學時，有同學陳紹唐君（廣西人）與弟同班，一年之後，此君忽入守真堂專讀英文，後遂受洗為耶教徒。他於前年來美，今於此相見。其人之言行，真如程朱學者，令人望而敬愛。其人通道之篤，真令人可驚。然其人之學問，見識非不如吾輩也。此可見宗教之能變化氣質矣。

昨日之夜，有 Mercer 者，為 Mott 之副，其人自言在大學時染有種種惡習（美國大學學生之風俗有時真如地獄），無所不為，其父遂擯棄之，逐之於外。後此人流落四方，貧不能自活，遂自投於河，適為水上巡警所救，得不死，而送之於一善堂。堂中人勸令奉耶教。從此此人大悔前行，遂力行善以自贖。數年之後，一日有會集，此君偶自述其一生所歷，有一報紙為揭登其詞；其父於千里之外偶閱是報，知為其子，遂自往覓之。既至，知其果能改行，遂為父子如初。此君現卒成善士，知名於時。此君之父為甚富之律師，其戚即美國前任總統也。此君幼時育於白宮（總統之宮），則所受教育不言可知，而卒至於此，一旦以宗教之力，乃舉一切教育所不能助，財產所不能助，家世所不能助，友朋所不能助，貧窮所不能助之惡德而一掃空之，此其功力豈可言喻！方此君述其父再見其子時，抱之子懷而呼曰：My boy, My boy……，予為墮淚，聽眾亦無不墮淚。會終有七人（此是中國學生會會員，大抵皆教中人，惟八九人未為教徒身）起立，自言願為耶教信徒，其一人即我也。

是會在一小屋中，門矮可打頭，室小如吾南林裏所居之半，拾

門外落葉枯枝為爐火，圍爐而坐，初無宗教禮儀之聲容節奏，
而感人之深一至於此，不亦異乎？……[135]

　　從夏令會日程和胡適的這封信來看，對於這次夏令會，組織者是
很動了一番心思的。在排程方面，既有嚴肅的講課、討論、夜會，也
有輕鬆的遊湖、茶會，可謂「勞逸結合」。在形式方面，既有全體集
中的講課、討論、夜會，也有一對一的個別指導（「陳君」為胡適
「說耶教大義約三時之久」，很可能是事先安排好的）。在內容方面，
不僅講《馬太福音》，還特意針對中國學生，有的放矢地講孔子、朱
熹。在主講人員方面，既有穆德這種善於演講的好手，也有李佳白這
種「中國通」，還讓「幼時育於白宮」、「其戚即美國前任總統」的這
種非一般人物來現身說法。正是組織者玩弄的這些「把戲」──用胡
適的話來說叫「用感情的手段來捉人」，使得當時還不滿二十歲的胡
適為之「墮淚」了，「自言願為耶教信徒」了。

　　此外，十八日晚上胡適表態「願為耶教信徒」時所處的那個房間
也值得一說。「南林裏」是上海海寧路一條石庫門里弄，胡適當年在
上海時就住在這裏。石庫門房屋，最大也就三十平方米左右，因此
「南林裏所居之半」只有十五平方米左右。在如此小的房間裏「圍
爐」擠坐了這麼多人（從胡適給許怡蓀的信來看，好像有十五、十六
人），要想不「親密無間」都不可能。此時聽著聲淚俱下的現身說
法，「感人之深一至於此」也就不難理解了。胡適晚年在口述自傳時
還記得，當時自己「實在被這小型聚會的興盛氣氛所感動」[136]。

　　夏令會的組織者那晚看到「有七人起立，自言願為耶教信徒」的

---

135 致許怡蓀（1910年6月21日），《胡適書信集》，頁22、23。
136 《胡適口述自傳》，頁40。

「盛況」，想來會有「入吾彀中矣」般的喜悅。但他們當時不可能想到，這「七人」之中的一個叫「Suh Hu」的中國人，若干年後會對他們「深恨」不已。一九一九年十月，胡適在上述給許怡蓀的信後加了一條附注：

> 此書所云「遂為耶氏之徒」一層，後竟不成事實。然此書所記他們用「感情的」手段來捉人，實是真情。後來我細想此事，深恨其玩這種「把戲」，故起一種反動。但是這書所記，可代表一種重要的過度，也是一件個人歷史上的好材料。[137]

所謂「反動」，指胡適「後來又在相同的情緒下」，「反悔」了並「漸漸地與基督教脫離」[138]。什麼叫「相同的情緒」，什麼叫「漸漸地與基督教脫離」，語焉不詳。這裏可以肯定的唯有以下三點。

一、胡適對他「青年時代這段經驗，實在甚為珍惜」，但他去世時「仍然是個未經感化的異端」[139]。

二、胡適與「基督教脫離」，至早是一九一三年以後的事，因為從他日記裏可以看到，在一九一三年，他還基本上每星期天去聽經課。

三、胡適的這種「脫離」，到晚年甚至「脫離」到「嚴詞拒絕」去教堂為朋友的女兒證婚的程度，即使這位小姐「眼淚汪汪」也不為所動，因為「他反對中國人信教，尤其反對中國人糊裏糊塗地在教堂內結婚」[140]。

「幾乎做了基督徒」是胡適在辛亥年的一件大事。胡適雖然自稱

---

137 寫在一九一一年六月十八日記後，《胡適日記全編》(1)，頁106。
138 《胡適口述自傳》，頁40。胡適：〈我的信仰〉，《胡適文集》(1)，頁16。
139 《胡適口述自傳》，頁40。
140 唐德剛：《胡適雜憶》，頁50。

「在十一二歲時便已變成了一個無神論者」,十三歲時要把「爛泥菩薩拆下來拋到茅廁裏去」,十七歲時寫了〈無鬼叢話〉和〈論毀除神佛〉這兩篇至今還有閱讀價值的文章,但他「幾乎成了基督徒」一事,證明了他服膺的呂伯恭的一句話:「善未易察,理未易明」。看來這種「有神」還是「無神」問題,不是小時候讀了幾次司馬光、范縝,就能像種了牛痘一樣,可以一勞永逸地解決的。

回首故國,此何時乎

胡適是十月十二日獲知武昌起義消息的:

> 上課。聞武昌革命軍起事,瑞澂棄城而逃,新軍內應,全城遂為黨人所據。[141]

考慮到時差,胡適獲知的時間不能算晚。以本書介紹的這些人物來說,張謇當時正在武漢,目睹了「工程營地火作,即長亙數十丈」,但從全國範圍來看,有張謇這種幸運的人實在太少了;鄭孝胥十一日下午知道,吳宓十二日「夕,閱報,則湖北武昌府方有革黨舉事」;至於周氏兄弟,沒有資料顯示他們是何時獲悉的,估計不會早於十一日下午。本書沒有專門介紹的葉聖陶和顧頡剛(他們當時是同學),均是十二日中午知道的:上午「課畢後閱報紙,見專電欄中有云:武昌已為革黨所據,新軍亦起而相應⋯⋯」[142]

在當時美國東部各大學中國留學生中,胡適被認為是「知國內情

---

141 《胡適日記全編》(1),頁143,一九一一年十月十二日日記。
142 《葉聖陶集》(19),頁35,辛亥年八月二十一日日記。

形最悉者」[143]。這是這些留學生辦的《學生英文月報》總主筆一九一四年九月對胡適的「讚語」。其實辛亥年的胡適也完全當得起這個「讚語」，因為一、當時留學生們獲知國內情形主要通過報紙，而他像把「一點點用功的習慣」帶到美國一樣，也把在國內養成的讀報習慣帶到了美國（認真讀報也是一種「用功」）；二、他到美國後與國內師友保持聯繫，其中不乏革命黨人，如馬君武等。

胡適至遲在上海中國公學讀二年級時（1907-1908）就養成了讀報習慣。他在《四十自述》中說：

> 到了戊申七月，《旬報》第二十四期以下就歸我編輯。從第二十四期到第三十八期，我做了不少的文字，有時候全期的文字，從社論到新聞，差不多都是我做的。[144]

既要做社論，又要做新聞，讀報自然必不可少。即以做新聞來說，《競業旬報》這種幾乎能讓胡適一人包辦的報紙，不可能有專職「訪員」（記者），這樣所謂做新聞，其實基本上是改寫，即先盡可能多地閱讀在上海能讀到的報紙，然後從中選擇適合自己胃口的報導，最後用自己的文字予以表達。因此，胡適當時的讀報既是個人興趣，也是一種「工作需要」，因這種需要而形成的習慣可謂「職業性習慣」，一種很難改變的習慣。

進入康大農學院後，讀報不再成為胡適的「工作需要」，但積習終究難改，舉一個例。據胡適一九一一年二月十八日日記記載，「連日報載吾國將與俄國有邊釁，辭甚迫切，不知結果如何？」（這也證

143　《胡適日記全編》（1），頁450，一九一四年九月十三日日記。

144　胡適：《四十自述》，《胡適文集》（1），頁81。

明他在「連日」讀報）於是他第二天「晨起出門，思買報讀之，偶一不慎，僕於冰上者二次，手受傷，去皮流血，幸無大害」[145]。這裏還可補充的是，這是一個合情合理的晚起日子——冬天的星期日早晨，而胡適卻因為想讀報，不僅沒睡懶覺，還受了皮肉之苦，可見讀報習慣也被他帶到了美國（當然，這兩天胡適的讀報，除了出自習慣之外，還有關心祖國的意思）。

綺色佳的讀報條件和當時的風氣也使胡適有可能保持這種習慣。從他辛亥日記可以看到，綺色佳雖然偏居紐約州一隅，在當地能讀到的報紙至少有四種：英文的《紐約時報》和《費城快報》（Philadelphia Express），中文的《國風報》和《神州日報》[146]。日記裏沒有寫出報名但在當地平時可以看到的報紙（以及雜誌）肯定還有。以中文報刊來說，有些可能是國內朋友等寄來的，例如胡適在日記裏提到的《小說時報》之類。再說當時電視尚未誕生，報紙是人們了解世界的主要媒體，美國人更是如此。胡適在四月十六日日記裏說：「閱報有 Philadelphia Express 報者，每日平均銷八〇五五九份，星期日銷一七七〇一〇份，然尤未為大報也，真令人可驚。」[147]當時國內一份報紙發行量通常只有千份左右，上萬份的就算大報了，無怪乎胡適要說「令人可驚」了。五月廿八日是星期日，胡適這天在「看報」，據他說，「美國報紙逢星期日則加圖畫增篇幅，價亦倍於平日，蓋星期無事，幾於無人不讀報」[148]。如此「盛況」，胡適自然成了他們中的一員，更何況讀報本來就是他的「職業性習慣」。

胡適到美國後不僅保持了讀報習慣，而且還讀得很細，讀得津津

---

145 《胡適日記全編》（1），頁70，一九一一年二月七日、十九日日記。

146 立憲派主要的報紙之一，一九一〇年二月廿日創刊，一九一一年七月停刊。

147 《胡適日記全編》（1），頁85、86，一九一一年四月十六日記。

148 《胡適日記全編》（1），頁99，一九一一年五月二十八日記。

有味——這也是「職業性習慣」的一種表現。例如第一次世界大戰爆發後不久，他讀了「《紐約時報》刊行英國外部關於歐洲大戰之來往函電一百五十九件」，讀時「一字不肯放過。其興味之濃，遠勝市上新小說也」[149]。此外胡適還喜歡把報紙上有關材料剪貼在日記本上，這既是他職業性讀報的一種反映，也構成了他日記的一個特色。例如一九一三年三月宋教仁被刺後，他在日記本上剪貼了報紙上登載的關於應夔丞涉案的四十三件證據材料，滿滿當當地貼了好幾頁。胡適在辛亥年讀報也是如此，例如前面提到《小說時報》，該報當時有一期登載了「上海伎人小影」，他看後在日記裏寫道：「知吾前所識之某輩今皆負盛名矣。」[150]當時報刊上登的照片既小又模糊。《申報》在登載清帝遜位詔書那天配的一幅溥儀照片就是如此（約一塊豆腐乾大小）。胡適能在這些「小影」中看出她們均「吾前所識」，可見他讀報也不是隨便翻翻而已。

把讀報這個習慣帶到美國並且如此用功地讀，胡適就「人在綺色佳，放眼全世界」了，至少是美國東部各大學中國留學生中「知國內情形最悉」了，武昌起義爆發後他與在北京的吳宓同日獲知消息也就不難理解了。

自十月十二日記下武昌起義爆發消息到十月卅日（胡適的辛亥日記到這天為止）這十九天中，胡適日記裏共有十一天記載了與武昌起義有關的事，大多很簡單。其中值得一說的有三點：一是他注意到的美國報紙對此事的報導傾向，二是他對袁世凱和岑春煊的評價，三是他對祖國的思念和憂慮。

---

149 《胡適日記全編》（1），頁438，一九一四年八月二十四日日記。這種「一字不肯放過」的讀，而且讀的是充斥著外交辭令的公文，也說明他對政治的「一種不是興趣的興趣」（a disinterested-interest），早在留學期間就已產生。

150 《胡適日記全編》（1），頁132，一九一一年九月三日日記。

　　先說胡適注意到的美國報紙對武昌起義的報導傾向。十月十四日，他在日記裏寫道：「武昌宣告獨立。北京政府震駭失措，乃起用袁世凱為陸軍總帥。美國報紙均袒新政府。」[151]胡適那天讀到的美國報紙，或是當天的，或是十三日的。他日記裏沒有說他讀了美國的什麼報紙，但是在十三、十四日這兩天，《紐約時報》確實發表了關於武昌起義的七篇報導，一篇述評。

　　十三日刊登了四篇報導，一篇述評。其中一篇發自前線漢口，標題是「武昌發生反清革命，共和國體有望建立」；一篇發自北京，標題是「大清政府緊急調兵支持漢口前線」；一篇發自華盛頓，標題是「清國駐美使館稱國內形勢非常嚴峻」；一篇發自東京，標題是「日本外務省稱在武昌的日本人受到優待」。述評的標題是「清國革命旨在推翻滿清三百年統治」。

　　十四日刊登的三篇報導，一篇仍然發自漢口，標題是「武昌革命發展迅速，滿清統治恐將結束」；兩篇發自倫敦，標題分別是「孫中山貸款鬧革命，秘密計劃大曝光」（這篇報導有一節發自芝加哥，不排除這一節是另一篇報導之誤）和「革命軍在武昌宣佈成立共和制政府」。

　　從這些報導和述評來看，《紐約時報》確有袒護「新政府」的跡象。例如該報十三日刊登的「武昌發生反清革命，共和國體有望建立」這篇報導有一個題記，其中說「起義軍組織嚴明，供給良好，外國人受到保護」，這無疑是相當正面的說法。再如同一天登載的「清國革命旨在推翻滿清三百年統治」這篇述評，作者寫道：「明朝末年，滿人被請入關協助鎮壓威脅明朝統治的內亂，但他們完成任務後卻不願離去，並開始了自己的統治。」這顯然指出了清朝統治的不合法性。

151　《胡適日記全編》（1），頁144，一九一一年十月十四日日記。

　　但《紐約時報》記者筆下的武漢也並非「一片陽光」。例如在十四日刊登的「武昌革命發展迅速，滿清統治恐將結束」這篇報導中，記者寫道：

> 起義軍無法有效地維持秩序，漢口、漢陽以及武昌的貿易已完全陷入停頓。勞工階層失去生計，並且正試圖搶劫。城內五十多萬人逃往鄉下。
> 今天，這座繁華的城市到處呈現出荒涼的景象。在當地居民區內，通宵都有大火在燃燒。對於平民百姓來說，這是個恐怖的夜晚。……[152]

　　所以總的看來，《紐約時報》十三日和十四日對武昌起義的報導，雖有「袒護新政府」的跡象，但基本屬於客觀報導。胡適說的「美國報紙均袒新政府」，很可能是他讀了其它美國報紙後的印象，這似乎也可證明，在綺色佳能讀到的美國報紙不止一兩種。

　　再說胡適對袁世凱和岑春煊的評價。在這十一天日記裏，胡適有四天提到當時炙手可熱的袁世凱。對袁的評價出自十月十七日日記：「相傳袁世凱已受命，此人真是蠢物可鄙。」[153]為什麼胡適會認為袁世凱「蠢物可鄙」？不妨看看他之前之後對袁有什麼說法。

　　武昌起義前，胡適日記裏沒有提到過袁世凱。但一九〇九年初，他在主編第卅八期《競業旬報》時寫過一篇題為「袁世凱」的短文，登在該報「中國近事一欄」。全文如下：

> 袁世凱在我們中國，不是一位最有權勢赫赫炎炎的軍機大臣

---

152 鄭曦原：《帝國的回憶》，頁398。

153 《胡適日記全編》(1)，頁145，一九一一年十月十七日日記。

嗎？就以才幹而論，以魄力而論，比較那些行尸走肉，自然高
得多了。講起那權勢來，真個是門生故吏滿天下，歐美各國，
誰不曉得中國有個袁世凱呢！千不該，萬不該，戊戌那一年，
附和著孝欽皇后，使光緒帝受了許多苦惱，從此便和光緒皇帝
結下了大仇。如今冰山倒了，攝政王便一心一意的要替他哥哥
報仇，於是乎便下了一道上諭，說袁世凱足疾未痊，著即「開
缺」云云，於是乎這一位炙手可熱名滿天下的袁世凱，也只得
垂頭喪氣的回家去了，去了。[154]

「孝欽皇后」即慈禧。文章對「戊戌那一年」的事和「冰山倒
了」後的事的說法雖有簡單化之嫌（這種短文想來也只能這樣寫），對
袁世凱的譏笑、調侃之意卻很清楚。文末連用兩個「去了」，更妙[155]。
這篇短文表明，胡適早在中國公學做學生時就對袁世凱沒有好感。
　　袁世凱當上「大總統」後，胡適日記裏有兩次提到他。
　　第一次在一九一三年一月廿三日，當天他在報上看到去年十一月
廿六日頒發的「大總統命令」：

孔子之道，如日月經天，江河行地，樹萬世之師表，亙百代而
常新，凡有血氣，咸蒙覆幬，聖學精美，莫與比倫。……本大
總統受任以來，夙夜兢兢，以受道飭俗為念。孔學道德之精，
立人倫之極淵博，沾被無垠，高山景行，響往彌篤。所有衍聖

---

154 原載一九〇九年一月二日出版的第三十八期《競業旬報》，《胡適文集》(9)，頁
　　630。
155 文末最後一詞或一句連用，在當時時評中經常可以看到，如于右任在《民立報》發
　　表的時評，〈打鬼打鬼〉(1910年12月4日) 最後是「不怕打，不怕打」；〈上海之面
　　面觀〉（一）(1910年12月16日) 最後是「更可感，更可感」；〈徵鵝篇〉(1911年2月
　　22日) 最後是「非丈夫也，非丈夫也」，見《于右任辛亥文集》，頁89、95、134。

公暨配祀賢哲后裔膺受前代榮典，均仍其舊。⋯⋯此令。

衍聖公孔令貽給予一等嘉禾章。此令。

對此他嗤之以鼻，在日記裏寫道：「此種命令真可笑，所謂非驢非馬也。」[156]

第二次在一九一四年二月四日，當天他在報上看到所謂「政治會議」通過了「大總統郊天祭孔法案」，他的評價是：「此種政策，可謂捨本逐末，天下本無事，庸人自擾之耳。」[157]

在獲悉袁世凱死了這天（一九一六年六月七日），胡適寫了一條很長的日記：

袁世凱死於昨日。此間華人，真有手舞足蹈之概。此真可謂「千夫所指無病自死」者矣。吾對於袁氏一生，最痛恨者，惟其「坐失機會」一事。機會之來，瞬息即逝，不能待人。人生幾何？能得幾許好機會耶？袁氏之失機多矣：戊戌，一也；庚子，二也；辛亥壬子之間，三也；二次革命之後，四也。

使戊戌政變不致推翻，則二十年至新政，或已致中國於富強。即不能至此，亦決無庚子之奇辱，可無疑也。袁氏之賣康、梁，其罪真不可勝誅矣。二十年來之精神財力人才，都消耗於互相打消之內訌，皆戊戌之失敗有以致之也。

⋯⋯袁氏昧於國中人心思想之趨向，力圖私利，排異己，甚至用種種罪惡手段以行其志，馴致一敗塗地，不可收拾，今日之死晚矣。

---

156 《胡適日記全編》（1），頁218，一九一三年一月二十三日日記。

157 《胡適日記全編》（1），頁244，一九一四年二月四日日記。

袁氏之罪，在於阻止中國二十年之進步。今日其一身之身敗名裂，何足以贖其蔽天之辜乎？[158]

這條日記說明了他「痛恨」袁世凱的原因：四次「坐失機會」。其中在時間上能用來解釋他說袁「真是蠢物可鄙」的是前兩次（第三次機會即「辛亥壬子之間」不是，因為在胡適寫下袁「真是蠢物可鄙」這天，袁還沒有「出山」，還沒有暴露他的真面目），但是他在這條日記裏對袁的所謂第二次「坐失機會」（「庚子，二也」）沒有具體闡說，可見在袁的前兩次「坐失機會」中，真正使他「痛恨」的是第一次，即「袁氏之賣康、梁，其罪真不可勝誅矣」，也就是他在一九○九年寫的〈袁世凱〉一文中說的「附和著孝欽皇后，使光緒帝受了許多苦惱」一事。因此聽到袁世凱「已受命」的消息，他的第一反應就是此人「蠢物可鄙」。與當時對袁還抱有幻想的人（例如年齡與他相仿的吳宓）相比，胡適的認識顯然比較高明。

除了袁世凱，胡適日記裏還提到了當時剛被任命為四川總督的岑春煊：

……下午《神州日報》到，讀川亂事，見政府命岑春萱赴川之諭旨，有「岑某威望素著」，又「岑某勇於任事」之語，讀之不禁為之捧腹狂笑。[159]

這條日記記於十月十九日。胡適為什麼「捧腹狂笑」？日記裏沒有解釋。胡適在辦《競業旬報》時也曾在該報「中國近事」欄一篇關

---

158 《胡適日記全編》（2），頁401，一九一六年六月七日日記。

159 《胡適日記全編》（1），頁145，一九一一年十月十九日日記。

于禁煙的短文裏提到岑春煊，說他「心肝也兇險，手段也生辣」[160]，但當天使他「捧腹狂笑」的很可能是記憶猶新的一條消息：

> 內閣奉上諭：……開缺兩廣總督岑春煊，威望素著，前任四川總督，熟悉該省情形，該督病勢聞已就痊，著即前往四川，會同趙爾豐辦理剿撫事宜。岑春煊向來勇於任事，不辭勞瘁，即著由上海乘輪即刻起程，毋稍延遲。[161]

這條上諭是九月十五日發出的，《神州日報》或其它中文報很可能也登載了。當時清政府也說岑「威望素著」、「勇於任事」，但過了一個月，清政府還是老調重彈，說明所謂「威望素著」、「勇於任事」的岑並沒有出來「任事」（事實上岑接到九月十五日上諭先是「遲遲其行」，後去武漢兜了一圈，十月十日晚上聽到武昌起義槍聲後，第二天一早就「出城買舟渡江，乘輪東下」了），說明清政府的統治力已經下降到連一個人都調動不了的地步了。對此胡適有理由「捧腹狂笑」，這是對岑春煊的嘲笑，也是對窮途末路的清政府的嘲笑。

最後說胡適對祖國的思念和憂慮。一九一〇年八月出國後，胡適不時思念著祖國，為祖國的前途感到憂慮。下面是他在武昌起義前的有關日記：

> 今日為吾國元夜，吾人適於此時上第二學期第一日之課，回思祖國燈市之樂，頗為神往。（二月十三日日記）
> 天大風，道行其不能呼吸，又寒甚；是日生物學教員為之罷

---

160 《競業旬報》第三十一期，一九〇八年十月二十五日。《胡適文集》（9），頁621。
161 《鄭孝胥日記》（3），頁1344，一九一一年九月十五日日記。

課，可見其寒矣。回首故國新柳纖桃之景，令人益念吾祖國不
已也。（三月十六日日記）

作書致仲誠、君武，頗多感喟之言，實以國亡在旦夕，不自覺
其言之哀也。（三月廿三日日記）

連日日所思維，夜所夢囈，無非亡國慘狀，夜中時失眠，知
「嫠不恤其緯，而憂宗周之隕」，是人情天理中事也。（三月廿
四日日記）

今日為吾國三月十九日，春莫矣，此間猶有雪，天寒至冰點以
下。Browning 詩曰：

Oh, to be in England

Now that April's there.

讀之令人思吾故國不已。（四月十七日日記）

　　「嫠不恤其緯，而憂宗周之隕」出自《左傳・昭公二十四年》，
意思是「寡婦不憂其緯少，而恐國家滅亡」（《辭海》，「緯」原指織物
的橫線，這裏泛指布）。Browning 即英國詩人勃朗寧（Robert
Browning, 1812-1889），《胡適日記全編》編者把這句詩譯為：

　　啊，英格蘭已是四月
　　該回去了

　　馬君武（1882-1939）比胡適大九歲，是同盟會高層領導之一
（南京臨時政府成立後任實業部次長），也是胡適在上海中國公學的
老師。當時的中國公學「藏龍臥虎」，是同盟會在上海的一個重要反
清據點，胡適的不少同學都是革命黨人。胡適出國後與馬君武保持聯
繫，僅據胡適辛亥日記記載他們就有四次通信，可惜這些信件今都不

存。胡適的這些日記表明,在辛亥年的這九個月裏,他決不是只知在學業上用功的「書呆子」。

最能反映胡適對祖國的思念和憂慮的是他十月卅日日記,這也是現存他辛亥年最後一天日記:

> 今日為重九,「天涯第二重九」矣。而回首故國,武漢之間,血戰未已;三川獨立,尚未可知;桂林長沙俱成戰場;大江南北人心惶惶不自保:此何時乎![162]

「天涯第二重九」,指當天是他到美國後的第二個重陽節。每逢佳節倍思親,胡適那天也在「倍思親」:思念著祖國,思念著大江南北的父老鄉親,表現了一個遊子的思鄉之情和愛國之情。

勉力學農,是否已鑄成大錯

我國近代史上不少名人當年做學生時有改學經歷,其中知名度最大的當推魯迅,他留學日本時棄醫學文的故事幾乎家喻戶曉。胡適留學美國時的棄農學文,本來也應該具有相似的知名度,但實際知名度被打了很多折扣。魯迅改學事發生在一九○六年,不屬本書範圍,也與他在辛亥年的經歷沒有直接關係,所以本書第三篇沒有涉及。胡適的改學,起因是發生在辛亥年八月中旬(一九一一年十月上中旬)的「蘋果分類」事件,轉系成功則在辛亥年末(一九一二年二月上中旬),都發生在辛亥年,而且無論對他本人還是對中國文學革命,都可謂意義重大。

---

162 《胡適日記全編》(1),頁148,一九一一年十月三十日日記。

　　當時的庚款留美學生進哪個學校、讀什麼專業，名義上由遊美學務處（以後由清華學堂）指派，實際上學生本人有很大發言權。如無特殊原因，一般都是由學生自行選定，遊美學務處（清華學堂）只是「從其所請」，予以批准而已[163]。因此胡適在獲知自己「金榜題名」後，美國有很多大學可以供他選擇；在各大學中又有很多專業可以供他選擇，但令很多人意想不到的是，他選擇去康奈爾大學學農。

　　在去美國前，胡適沒有任何務農經歷，正如他在剛進農學院時對系主任說的：「我不是種田的」[164]。事實上在他徽州老家，由於地瘠人多，一年打下的糧食只夠吃三個月，所以男人十來歲就外出到上海、杭州、南京一帶學生意，很少有人留在村裏種田。與他一起留美的同學，也很少有人選讀農學。他的好朋友，無論是與他同船去美國的趙元任，還是一兩年後去美國的任鴻雋、朱經農和楊杏佛等，也沒有一個人是選讀農學的。也許是出於「胡適」和「農學」這兩個詞實在連不起來的緣故吧，胡適在向唐德剛口述自傳前（一九五七年冬），對他當年為什麼選讀農學至少有兩次比較詳細的公開解釋；在口述自傳同期有次去臺灣，對臺灣大學生也有一次解釋。這樣加起來，至少有三次公開解釋。

　　第一次解釋出現在廿年後寫的〈我的信仰〉中：

　　　　我的選擇是根據了當時中國盛行的，謂中國學生須學點有用的技藝，文學、哲學是沒有什麼實用的這個信念。但是也有一個經濟的動機。農科學院當時不收學費，我心想或許還能夠把每

---

163 清政府對留日學生的管理也很鬆懈，據周作人說：當時給學生的學費很少，但「管理也特別麻胡，就是你不進什麼學校，也不過問，一樣可以領取學費，只要報告說是在什麼地方讀書就好了」。見《知堂回想錄》，頁225。

164 胡適：〈中學生的修養與擇業〉，《胡適文集》（12），頁534。

月的月費省下一部（分）來匯給我的母親。[165]

這段解釋原文是英文，想來是胡適對關心他的外國朋友說的。

第二次解釋是一九五二年十二月對臺灣臺東縣中學生說的：

> ……民國前二年，考取官費留美，家兄特從東三省趕到上海為我送行，以家道中落，要我學鐵路工程，或礦冶工程，他認為學了這些回來，可以復興家業，並替國家振興實業。不要我學文學、哲學，也不要學做官的政治法律，說這是沒有用的。當時我同許多人談談這個問題。以路礦都不感興趣，為免辜負兄長的期望，決定選讀農科，想做科學的農業家，以農報國。同時美國大學農科，是不收費的，可以節省官費的一部分，寄回補助家用。[166]

第三次解釋是一九五八年六月對臺灣大學法學院大學生說的，這次解釋的要旨與上兩次解釋完全一樣，但增加了幾個細節：

其一，他二哥送行一直送他到船上，並在船上一再叮囑他要學什麼、不要學什麼，一直說到船即將起航。

其二，他當時答應了他二哥的要求，即不學「沒用的文學、哲學之類沒飯吃的東西」[167]。但究竟學什麼，在他二哥離去時還沒有定。

李敖根據以上兩個細節，說他二哥「這次送行，反倒害得他白白

---

165 胡適：〈我的信仰〉，《胡適文集》（1），頁15。「月費」是清政府每個月給留美學生的生活費，胡適在美國讀書時，每月八十美金。

166 胡適：〈中學生的修養與擇業〉，《胡適文集》（12），頁533、534。

167 胡適：〈大學的生活〉，《胡適文集》（12），頁543。

學了一陣農科，害得他後來不得不轉系」[168]，頗有道理，因為胡適與他二哥的關係還是很不錯的。

其三，啟程後他在船上一直想究竟學什麼好，「開礦沒興趣，造鐵路也不感興趣，於是只好採取調和折衷的辦法」——學農。因此可以推論，他是先決定學農，然後才選擇去康奈爾大學的，因為該校當時有美國最好的農學院。這與今天很多人考大學、申請留學前先選學校、再選專業的做法顯然不同。至於做出這個決定的時間，基本可以斷定在九月十日船抵達三藩市之前，因為對同船的這批學生來說，三藩市是他們分道揚鑣、各奔前程的第一個地點：或北上，或南下，或東行。地點則是在船上，因為遊美學務處官員與他們同船赴美，選定學校後即可辦理有關手續。

其四，在康奈爾大學農學院讀書，每月可獲得「八十元的津貼」。據唐德剛說，「美金當時的購買力，恐在今日（一九七八年）十倍左右」。所以「那時的庚款留美生，學雜費之外，每月生活費為八十美元，實在是個了不起的大數目」[169]。

上述三次解釋，歸結起來都是兩個原因：一曰「以農報國」，二曰「經濟的動機」。胡適沒有說哪個是主要原因，但從他當時家裏和個人經濟狀況來看，「經濟的動機」很可能被排在第一位。因為「做科學的農業家，以農報國」云云，對當時的胡適來說還是一個渺茫得不見蹤影的「願景」，至少要到四、五年後才有實現的可能，而「把每月的月費省下一部（分）來匯給我的母親」，「補助家用」，卻是當務之急。

前面已經指出，從一九一八年開始，胡適家裏「經濟已敗壞到不可收拾的地步」。在上海求學的胡適除了要供自己吃飯、讀書外，還

---

168 李敖：《胡適評傳》，頁258。

169 胡適：《胡適口述自傳》，頁83。

要「兼供養家中的母親」。為此在中國新公學成立後，有教書掙錢的機會，他就停學了。但由於他在上海跟著「一班浪漫的朋友」「昏天黑地裏胡混」，以致在他的經濟生活中只剩下了「索、借、質」這三件事，只能靠借五元、還三元過日子。到了己酉年末（一九一〇年二月初），胡適終於像他母親一樣，懂得了什麼叫年關難過，因為此時他的房金、飯金都還欠著（見前文）。雖然醉酒事件使他因禍得福，半年後赴美留學，但是一個在如此短的時間裏經歷了如此戲劇性轉變的青年，在船上考慮進什麼大學、讀什麼專業時，似乎不可能首先想到什麼「以農報國」，除非他在這半年中發了一大筆橫財。只是胡適並沒有這種幸運，事實上他從上海去北京參加留美考試，來回路費都是借的。正因為這時錢對他很重要──剛到美國時，他在獲知「農科學生概不納費」後欣喜地告訴朋友，「即此一項，一年可省百五十金，可謂大幸」[170]──所以「經濟的動機」對於他選擇學農，很可能起了決定性作用。

　　胡適在康大農學院學了「一年又半」，共三個學期。關於他什麼時候萌生「棄農」的想法，在他同期日記裏沒有記載。不過可以肯定的是，第二學年第一學期開學後不久（一九一一年十月初）發生的「蘋果分類」事件（見下文），只是促使他決定「改行」的導火線，在此之前，他已有了「棄農」的想法。證據有二。其一，在一九一一年六月十七日致章希呂的信末，他寫了一句附言：「適有去Cornell之志，不知能實行否？」[171]至於為什麼要離開，他沒作任何解釋。但有一點很清楚：離開康奈爾也就是「離開農科」，因為他如果想繼續學農的話，根本不必離開當時擁有美國最好農科的康奈爾大學。其二，

---

170 致胡紹庭、章希呂、胡暮僑、程士範（1910年9月25日），《胡適書信集》，頁16。
171 致章希呂（1911年6月17日），《胡適書信集》，頁21。

他在寫〈我的信仰〉時說，在最後轉入文理學院之前，他「躊躇觀望了一年又半」[172]，可見他在農學院的「一年又半」，是「躊躇觀望」的「一年又半」。這也就是說，他對於自己學農的懷疑，在他走進農學院時就開始了，原因很簡單：他「不是種田的」，他的心「不在農業上」。

　　但最終促使胡適終止「躊躇觀望」狀態，下決心「棄農」的是「蘋果分類」事件。一九五二年十二月，他在向臺東縣中學生演講時對此事作了詳細介紹：

　　　　在上種果學的第二星期，有兩小時的實習蘋果分類，一張長
　　　　桌，每個位子分置了四十個不同種類的蘋果，一把小刀、一本
　　　　蘋果分類冊，學生們鬚根據每個蘋果的長短，開花孔的深淺、
　　　　顏色、形狀、果味和脆軟等標準，查對蘋果分類冊，分別其類
　　　　別（那時美國蘋果有四百多類，現恐有六百多類了），普通名
　　　　稱和學名。美國同學都是農家子弟，對於蘋果的普通名稱一看
　　　　便知，只需在蘋果分類冊裏查對學名，便可填表繳卷，費時甚
　　　　短。我和一位郭姓同學則須一個一個的經過所有檢別的手續，
　　　　花了兩小時半，只分類了二十個蘋果，而且大部分是錯的。晚
　　　　上我對這種實習起了一種念頭：我花了兩小時半的時間，究竟
　　　　是在幹什麼？中國連蘋果種子都沒有，我學它什麼用處？自己
　　　　的性情不相近，幹嗎學這個？這兩個半鐘頭的蘋果實習使我改
　　　　行，於是，決定離開農科。[173]

---

172 胡適：〈我的信仰〉，《胡適文集》（第一卷），頁15。
173 胡適：〈中學生的修養與擇業〉，《胡適文集》（12），頁533。一九五八年六月在臺灣大學法學院演講時也提到這件事（〈大學的生活〉，《胡適文集》（12），頁544），《胡適口述自傳》，頁47。

　　胡適在口述自傳時也講到這件事。在講了美國同學做完實驗，
「然後撿了幾個蘋果，塞入大衣口袋，便離開實驗室揚長而去」之
後，他說：

> 可是我們三兩位中國同學可苦了。我們留在實驗室內，各盡所
> 能去按表填果，結果還是錯誤百出，成績甚差。
> 在這些實驗之後，我開始反躬自省：我勉力學農，是否已鑄成
> 大錯呢？我對這些課程基本上是沒有興趣；而我早年所學，對
> 這些課程也派不到絲毫用場；它與我自信有天分有興趣的各方
> 面，也背道而馳。這門果樹學的課——尤其是這個實驗——幫
> 助我決定如何面對這個實際問題。[174]

　　也是在這次口述自傳時，胡適詳細講述了促使他棄農學文的三個
因素。

　　一是「對哲學、中國哲學和研究史學的興趣」。胡適說，「中國古
代哲學的基本著作，及比較近代的宋明諸儒的論述，我在幼年時，差
不多都已讀過。我對這些學科的基本興趣，也就是個人的文化背
景」。這裏的「基本著作」和「論述」，就是他在家鄉讀書期間讀的
《小學》、《論語》等經書。到美國後（這裏指一九一一年十月之前）
他對這些書雖然沒有「學而時習之」，「溫故而知新」，但他課餘有七
次閱讀記載的《荀子》，同樣屬於「中國古代哲學的基本著作」。由此
可見，他在康大農學院雖然每天面對著莎士比亞、萊辛等洋面孔，但
忘不了的還是老祖宗，可謂「人在曹營心在漢」。因此對他來說，在
做學問方面回歸傳統是遲早的事，而在一九一一年十月之前，缺乏的

---

174 胡適：《胡適口述自傳》，頁47。

只是一根引線、一個觸媒。好在不久機會就來了：他在康大第二學年第一學期選修的「哲學史」，終於使他「對研究哲學——尤其是中國哲學——的興趣，為之復蘇！」[175]

　　二是「對政治史所發生的興趣」。與上述第一個興趣不同，胡適以往沒有學過政治史，當時他的全部政治史知識不出四部書的範圍：在家鄉讀的《綱鑒易知錄》、《御批通鑒輯覽》和《資治通鑒》，基本上是到美國後讀的《左傳》。但是武昌起義的槍聲，使他迅速補上了中國近代政治史這一課，而促使他「補課」的竟然是美國人，因為「辛亥革命，打到滿清，建立民國」，使美國人對中國發生了濃厚的興趣，關於中國問題的演講因此大受歡迎。一個來自上海的蔡君是此中好手（胡適稱他是「一位精彩的英語演說家」），為此忙得應接不暇。百忙之中他想起了一個「可造之才」——胡適，因為他聽過胡適在學生會的演說，「甚為欣賞」，所以要胡適「越俎代庖」。胡適接受了這個邀請，這迫使他「對過去幾十年促成中國革命的背景，和革命領袖人物的生平，也認真的研究了一番」。胡適說，「這個對政治史所發生的興趣，便是促使我改行的第二個因素」[176]。

　　三是「對文學的興趣」。胡適很早就表現出對文學的興趣和相應的能力。一九〇六年夏他報考中國公學時寫的一篇文章，馬君武等看後都說「為公學得了一個好學生」[177]。他在《競業旬報》上發表的一些白話文章，連自詡「五百年來白話文第一人」的李敖，二十世紀六〇年代讀後也「依然為之神往」[178]。因此他有資格對唐德剛說，「我在古典文學方面的興趣，倒相當過得去。縱是在我十幾歲的時候，我

---

175 胡適：《胡適口述自傳》，頁48。
176 胡適：《胡適口述自傳》，頁48、49。
177 胡適：《四十自述》，《胡適文集》（1），頁76。
178 李敖：《胡適評傳》，頁196。

的散文和詩詞習作，都還差強人意」。進入康大農學院後上的英文
課，又使他「對英國文學發生了濃厚的興趣」，而學習德文、法文則
使他「發掘了德國和法國的文學」[179]。總之，「英國文學及德文課
程，較之農場實習和養果學」，反而使他「感覺興趣」[180]，並引起了
他「對中國文學興趣之復振」，而這就是促成他「從農科改向文科的
第三個基本原因」[181]。

既然心「不在農業上」，而是對哲學、政治和文學感興趣，胡適
就「以立即繳納四個學期的學費為處罰，以受了八個月困擾為代
價」[182]，於一九一二年二月即第二學年第二學期開始從農學院轉入了
文學院，而且「從不懊悔這番改變」[183]。

胡適轉入文學院的時候，正是辛亥年末。這一年他從考生物學、
給母親寫信、收到《五尺叢書》和元旦試筆寫首小詩開始，一路走
來，雖有「幾乎成了基督徒」的荒唐，也有因為與房東鬧矛盾而遷居
的不快[184]，但總的看來，還是走得很踏實的，尤其在學習方面，平均

179 胡適：《胡適口述自傳》，頁49。胡適一九一一年一月卅日至十月卅日日記裏沒有
學法文的記載，他學法文是一九一二年二月轉入文學院後的事。

180 胡適：〈我的信仰〉，《胡適文集》（1），頁15。

181 胡適：《胡適口述自傳》，頁50。

182 從一九一一年六月十七日致章希呂的信末說「適有去Cornell之志，不知能實行
否」，到一九一二年二月六日致章希呂信中說「適已棄農政習哲學文學，旁及政
治」（《胡適書信集》，頁25），正好是八個月。

183 胡適：〈我的信仰〉，《胡適文集》（1），頁15。據唐德剛說：「有一次一位原來學歷
史和神學的女同學天真地向胡先生說：『胡伯伯，我現在不學神學了，也不學歷史
了。我改學化學！』『Good girl, good girl，應該學自然科學！』胡氏高興地把她拉
過去拍一拍，說：『你看我們學人文科學的，我學了一輩子，現在還不知道在搞些
什麼呢？』在一旁靜立旁聽，我深深感覺到胡氏這句話不是為稱讚那位小姐說的，
那是他的真心話。」見《胡適雜憶》，頁47。

184 胡適一九一一年九月五日日記有如下記載：「主婦大可惡，幾致與之口角。此婦亦
殊有才幹，惟視此屋為一營業，故視一錢如命，為可嗤耳。」見《胡適日記全編》
（1），頁133。

成績達到八十分甚至八十五分以上畢竟是很不容易的，更何況他的心
還「不在農學上」。現在要告別農學院了，不知他有什麼感想？由於
這段時間他沒有記日記，現存書信中也沒有提及，所以永遠也不可能
知道了。但有一點可以肯定，當時他做夢也不會想到，四十六年後竟
有人請他去給農業專家做次演講。

　　一九五八年十二月七日，胡適應邀在臺灣「中華農學會暨各專門
農業學會年會」上發表了題為〈基本科學研究與農業〉的演講。想到
自己當年的「絕情」，他開頭第一句話就不無歉意地說：「我是農學的
一個逃兵。」接著說：

> 四十八年前（1910），我進康乃爾（Cornell）大學的紐約（New
> York）州立農學院，民國元年（1912）二月，第二學年第二學
> 期開始，我就改選康乃爾的文理學院了。
> 那個時候，正是遺傳學（Genetics）剛剛開始的時期，孟德爾
> （Mendel）的兩大定律被科學界忽視了三十多年，到一九○
> ○年才被德佛裏（Devries）等人重新發現，重新證明，摩爾
> 根（T. H. Morgan）已在哥倫比亞（Columbia）大學做實驗動
> 物學教授了，他的重要工作還剛剛開始。
> 所以我現在回頭去看看，我可以說：在農業科學裏面一種最基
> 本的是遺傳學還剛剛開始的時期，我就做了農學的逃兵了！我
> 還沒有走進農學的大門，就逃走了！[185]

　　作為演講的開頭，這段話無疑是成功的：還有什麼比演講人一開
始就承認自己是某種「逃兵」更吸引人的呢？估計在胡適第二次說到

185　胡適：〈基本科學研究與農業〉，《胡適文集》（12），頁689。

「逃兵」時，會場裏就響起了掌聲，而在他說到「逃走了」時，掌聲不說是雷鳴般的，也是相當熱烈的，而此時胡適自己大概也是笑咪咪的——唐德剛說胡適的笑是「免於恐懼自由」的象徵，欣賞著自己演講開頭的成功。

當天的與會者都是農業方面專家，他們所以把掌聲獻給胡適，並不完全因為胡適是不久前上任的「中研院」院長——假如演講者是胡適的前任朱家驊，他們未必會鼓掌，至少不會如此熱烈鼓掌——更大的原因是，臺上這位笑容可掬的老人，竟然曾經是他們的同行！

只是不知他們中是否有人想過：假如當年胡適不做「逃兵」，在康大農學院繼續讀下去；或者是他一九一五年到哥倫比亞大學後，不跟杜威（J. Dewey）學什麼實驗主義，而是跟摩爾根學遺傳學，結果會是什麼？會出現一個中國的「摩爾根」嗎？沒有人能給出答案，即使是胡適本人。這些農業專家們能說出的只是大家都知道的另一個結果：由於胡適做了「農學的逃兵」，所以至少「在中國文學革命的運動裏」，他做了「一個開路的工人」。

胡適的「逃」發生在一百年前的辛亥年末，所以無論對他本人來說，還是對中國文學革命來說，這個辛亥年末都是永遠難忘的。

第五篇
吳　宓

　　吳宓（1894-1978），陝西涇陽人，時年十八歲。陝西省諮送遊美第二格學生，三月中旬被遊美學務處錄取為清華學堂中等科學生。十一月上旬，因清華學堂臨時解散而赴上海。一九一二年二月上旬（辛亥年十二月中旬）報考聖約翰學堂，旋被錄取。

風光客裏漫相過

　　農曆庚戌年除夕（一九一一年一月廿九日），當爆竹在夜空響起的時候，吳宓正在河南府（今洛陽市）西關的泰安棧度歲[1]。吳宓是陝西人，不要說在洛陽，就是在河南也沒有親友，此時此刻所以身居異鄉，全是因為半年前的一次考試。

　　一九一〇年六月，即將在涇陽附近的三原縣宏道高等學堂（該校只有預科，相當於五年制中學）畢業的吳宓（當時叫吳陀曼），聽說北京的遊美學務處通令各省招考遊美第二格學生，陝西有六個名額[2]，

1　泰安棧是旅店。清末民初，全國很多地方有名為「泰安棧」的旅店，它們是聯營還是獨立的，待考。

2　「遊美第二格學生」是遊美學務處招考的第二批非直接庚款留美學生，「格」是聊備一格之「格」，即備選之意。這批學生和「遊美第一格學生」一樣，都需在清華學習若干年後才能赴美留學。各省諮送的遊美學生名額按各自承擔的庚子賠款數量而定，數量多則名額多，反之則少。據吳宓一九一一年五月十六日日記：「吾省在此學生僅只六人，每年任六萬之賠款於政府」（《吳宓日記》第一冊，頁71），可見各省約承擔一萬兩銀子賠款，得一個名額。在招考「遊美第二格學生」時，江蘇、

已在西安考了一次，錄取了四人。由於本省教育當局自認「陝西省無
英文程度高、能考取之人」，對再招兩個人沒有信心，「故其事未向外
宣傳」[3]。於是他就和宏道幾個同學一起，向陝西的教育主管（當時
叫提學使）申請補考並得到批准。在宏道學堂，吳宓的學習成績一向
名列前茅，當年畢業初試成績為全校第三名，複試成績為第一名，因
此經過補考，他輕鬆地得到了餘下的一個名額，另一個則屬於他的一
個張姓同學兼好友（此人下文還將提及）。

考試雖然順利通過了，但在報名時吳宓卻犯了兩個不大不小的錯。

其一，由於按規定報考者不能超過十五歲，而宏道學籍冊上注明
吳陀曼「年十七歲」，所以他在填寫報名單時不得不把自己年齡減去
兩歲，這就留下了一個不誠信的記錄。不過當時有這種「不誠信記
錄」的遠不止吳宓一人，以遊美學務處同年七月卅日貼出的第二批庚
款留美學生名單來說，據「榜上有名」的胡適廿四年後回憶：「當時
規定留學生年齡不得過二十歲，所以榜上諸人所報年齡往往以多報少
的。」[4]胡適他們這批大哥哥是這樣（胡適本人沒有「以多報少」），
吳宓這批小弟弟自然紛起傚仿，例如吳宓這批遊美第二格學生中，法
學家向哲濬（1892-1987）和社會學家陳達（1892-1975）均比吳宓大
兩歲，佛教史權威湯用彤（1893-1964）比吳宓大一歲，法學家張志
讓（1894-1978）與吳宓同齡，可見他們當年也是「以多報少」。與吳
宓同為陝西省諮送遊美第二格學生的一個葉姓同學竟已「年二十五
六」[5]，不知當時做了什麼手腳混進來了。此外值得一提的是，吳宓
以後苦戀的毛彥文，一九一二年為了被保送進杭州女子師範學校也改

四川各有十八個名額，廣東有十六個名額。

3 《吳宓自編年譜》，頁91。

4 胡頌平：《胡適之先生年譜長編初稿》，頁102。

5 《吳宓自編年譜》，頁99。

了年齡，不過她不是「以多報少」，而是「以少報多」：「虛歲十六，冒填二十」[6]，看來吳毛兩人，一開始就「方向」不對。

其二，由於改了年齡，吳陀曼這個姓名也必須跟著改；如果不改姓，名字則無論如何要改，於是他取出《康熙字典》，「閉目，翻開一冊之某一頁，用手指確指一字——用此法所得者，為宓字」[7]，這樣就把吳陀曼改成了「吳宓」。其實如有合法手續，改名字很正常。即使當時、當地沒有「合法手續」一說，如有正當理由，改名字也不能算錯。但是吳陀曼改名為「吳宓」，這兩條都對不上，因為他是為了報上名而故意作假，硬是活生生地造出了一個「吳宓」，所以也要算一個錯。此外他的名字還改得不好，很多人把「宓」寫成「密」或讀成「伏」，這也是他那天翻開《康熙字典》時沒有想到的。不過這一切不能完全責怪他，畢竟那年他只有十七歲。

吳宓晚年「甚悔」這次改名，倒不是不要改名，而是「甚悔」沒有改成他認為「最美」的本名「吳玉衡」（吳陀曼這個名字是他八歲時長輩為他改的），而「吳宓」二字在他看來甚為不祥，用他自己的話來說，「後來所犯之錯誤、所加之罪名，悉與吳宓二字相連屬，相終始矣！」[8]吳宓寫下這句話的時候，「文革」還未結束，他頭上尚有一連串「罪名」，所以有如此激憤之語。其實他說的「相連屬，相終始」只是一個方面，他改名後所獲得的成績、得到的榮耀，如不久後被清華學堂錄取，以後獲哈佛大學碩士學位、擔任清華大學國學研究院主任、西南聯大外文系教授乃至現在被公認為對我國的外國文學研究和教學做出了突出貢獻，也「悉與吳宓二字相連屬，相終始矣」。

從吳宓為了「遊美」而改年齡、改名字，可以看出我國當時「留

---

6 毛彥文：《往事》，頁9。

7 《吳宓自編年譜》，頁91。

8 《吳宓自編年譜》，頁91、92。

學熱」之一斑。

我國留學第一人是一八四七年去美國的容閎，但是直到一八七二年詹天祐赴美留學前，其父還要在一份「生死狀」上簽字畫押：「茲有子天祐，情願送赴憲局，帶往花旗國肄業，學習技藝。回來之日，聽從差遣，不得在外國逗留生理。倘有疾病生死，各安天命。……」[9]可見這廿五年來我國的留學事業還在原地踏步。其實當時不要說留學，就是出使外國也被認為是「九死一生的勾當」，「開洋葷」還是「倒胃口的事」[10]。從十九世紀九○年代開始，隨著西風進一步東漸，留學在我國東南沿海地區逐漸開始成為一種時尚。據周作人回憶：「先君雖未曾研究所謂西學，而意見甚為通達，嘗謂先母曰，『我們有四個兒子，我想將來可以將一個往西洋去，一個往東洋去留學。』」（據周作人說，「先君」此話是一八九三至一八九六年之間說的。）[11]紹興城裏「未曾研究西學」的周氏兄弟的父親當時意見都如此「通達」，上海、天津租界裏那些懂洋文和自詡懂洋務的人就更不要說了。

但是「留學熱」作為一種社會風氣在我國出現還是進入二十世紀後的事。一九○一年十月，剛剛經歷了所謂庚子事變的清政府痛定思痛，「決意」變法，措施之一是要求各省選派學生去外國官費留學——這是三年前百日維新時都未曾提出過的大舉措，可見這次「西狩」對慈禧的刺激之深。一九○二年清政府再次發出同樣通令。在政府提倡下，隨後幾年我國留學人數激增，尤其是自費去日本留學。魯迅就是那時去日本的（一九○二年），不過他是官費。一九○五年取消科舉考試更是給這股「留學熱」加了一把火，到吳陀曼改名吳宓

9　李敖：《胡適評傳》，頁105。
10　錢鍾書：《七綴集》，頁130、131。
11　《知堂回想錄》，頁665。

時，人們對留學的熱情雖然還不能說趨之若鶩，但與詹天祐那時相比
是不可同日而語了，其中名額有限的官費留學更是成了「眾求之不
得」的大好事。例如前面提到吳宓的張姓同學，這個同學抵京不久就
因「自作孽」而身染重屙，他寫信對其父親說，「男要回家，寧死，
不往美國去」。張父回信說：「官費遊學美國，眾求之不得。回家，恐
為人笑。」[12]張父這樣說是有根據的。一九〇九年八月，遊美學務處
招考第一批庚款留美學生時，六百三十人報名，只錄取了四十七人
（包括梅貽琦等），錄取率只有百分之七點五。一九一〇年七月招考
第二批庚款留美學生，四百餘人報名，錄取的只有七十人（包括胡適
等；如以四百五十人報名計算，錄取率為百分之十五點六）。即使是
招考不能直接出國的遊美第二格學生，報考者也很多。以小小的宏道
學堂來說，吳宓的一些同學都報名應考，可見當時的「留學熱」已蔓
延到了陝西這種「偏僻閉塞省份」（吳宓語）。

　　吳宓雖然考上了「眾求之不得」的地方諮送的遊美學生，但接著
還有一個考試在等著他。由於以往各省諮送的遊美學生有人冒名頂替
或程度太差，所以遊美學務處還要組織一次複試，以確保錄取學生品
質。複試日期定在辛亥年正月下旬，此刻吳宓遠離家鄉在洛陽的泰安
棧度歲，就是要進京趕考。「趕考」一詞原指參加科舉考試，後也用
來指接受某種重大考驗。參加遊美考試是當時士子「出人頭地」的途
徑之一，就其重要性來說，絲毫不亞於參加科舉考試，至少對吳宓這
種「百無一用」的書生是這樣。只是吳宓雖然已在進京途中，卻還沒
有完全認識到參加這次複試的重要性，見下文。

　　吳宓是庚戌年十二月十九日（一九一一年一月十九日）從西安出

12　《吳宓自編年譜》，頁104。

發的[13]，同行的有他爹爹[14]、上述張姓同學和一個家僕。當時從西安到北京，最佳線路是先到洛陽，然後在洛陽乘汴洛線（開封至洛陽）到鄭州，最後在鄭州換京漢線。從西安到洛陽這八百里路沒有火車，只能坐騾馬大車。時值寒冬，這樣一路走來，實在很辛苦。下面摘要吳宓這些天的日記，看看一百年前的行路難：

> 十二月二十日（一九一一年一月廿日）：晴。天未明即行，時約四點餘鐘，朔風撲面，夜寒殊凜。所謂「雞聲茅店月，人跡板橋霜」者，此情此景至真切也。……（這天走了一百零五里——引者）
>
> 十二月二十一日（一九一一年一月廿一日）：晴。天明始行。……復行五十里至華陰縣，亦穿城而過。此段地皆沙土，鬆易滲水，冰雪相結，泥淖頗多。……（這天走了九十五里——引者）
>
> 十二月二十二日（一九一一年一月廿二日）：陰。破曉行四十里……出潼關又行四十里……（這天走了八十里——引者）
>
> 十二月二十三日（一九一一年一月廿三日）：陰。大風。天未明約三點餘鐘即行六十里，……此甬路間，一起一伏，凹凸極多，直如度山。然又路中塘土極厚，至五寸許，加以風吹頗烈，塵氛迷目，甚苦人也。（這天走了一百里——引者）

---

13 《吳宓自編年譜》記載的出發日期是庚戌年臘月二十二日（一九一一年一月廿二日）。由於吳宓自編年譜時（二十世紀六〇年代至七〇年代初）手上沒有當年日記，有些記憶有誤。所以遇有《年譜》和《日記》不一致的說法，本篇一般以《日記》為準。

14 吳宓有爹爹，也有父親。前者是他生父，後者是他嗣父，參閱《吳宓自編年譜》，頁22、23。

十二月二十四日（一九一一年一月廿四日）：晴。微風。天明始行。……既過陝州一段，則石塊打比堆置道中，車經其上，搖動甚也。（這天走了九十五里——引者）

十二月二十五日（一九一一年一月廿五日）：陰。天明始行。……至英豪鎮宿焉，時已六點一刻矣。是日下午雪。（這天走了九十里——引者）

十二月二十六日（一九一一年一月廿六日）：陰。雪。昨晚雪竟夜，晨起而厚幾盈寸矣，至朝食時始漸止，九點鐘始行。彌望皆白，道途莫辨。行經一小河，一車覆其側。……（這天走了四十五里——引者）

十二月二十七日（一九一一年一月廿七日）：陰。天明始行。四野雖白色一片，然道上瓊瑤業經踏碎，車轍馬跡歷歷可尋矣。……至池店宿焉。時已七點餘鐘，出發以來今日宿店為最遲也。（這天走了一百里——引者）

十二月二十八日（一九一一年一月廿八日）：陰。早七點鐘行，田野積雪仍未盡消。行四十里，抵河南府。寓泰安客棧。中午風、大雪。爹攜予等往觀火車站，歸而衣上盡白矣。[15]

　　路途如此辛苦倒也罷了，問題是這樣頂風冒雪、千里迢迢趕到北京參加複試，最終能否被錄取，吳宓自己實在沒有把握。他是陝西諮送的遊美學生，很清楚「吾陝」在全國的分量。與東南沿海各省相比，陝西畢竟是「偏僻閉塞省份」，除了地下的文物，很多方面都有不小的差距。就以教育水準來說，去年七月錄取的第二批庚款留美學生共七十人，江浙兩地的佔了大「半壁江山」（四十三人），陝西的

15　《吳宓日記》（第一冊），頁9-11。

「竟告闕如」[16]。再以遊美考試最看重的英文來說，他這次來考試，「所慮惟在英文」，因為「我國沿海開通地方學堂中，皆重視英文一課，加多鐘點，極力教授。普通中學，各科學亦常用英文課本。而學生英文程度，自視內地各校較為高深。因而如吾陝西等省學生，至上海、北京諸處就學，欲入程度相當之校，則英文程度往往仰攀不及，遑論留學異國耶！」[17]所以雖然今天是除夕，「新桃舊符業經更換」，吳宓的心情卻不怎麼好，「午間，出遊數次，雪厚乃近尺矣。此外毫無所事」，「晚間爆竹響聲劈啪可厭，在旅客聞之抑又黯然神傷矣」[18]。

第二天是辛亥年正月初一（一九一一年一月卅日），火車停開。在泰安棧，「曉光未出，棧人即起。爆竹鳴鳴，香花融融，太平酣嬉，慶賀新年」。但吳宓心情依然不佳：「旅客聞之，究竟有何意味。人生百年，年年此日，亦事之常，況事業無成，時局方厄，尚何言慶祝云云也。」[19]此外泰安棧這天的伙食也使他大為不滿，以至六十年後還記憶猶新：「新年特備酒饌，價貴而味極惡劣（遠不如平日棧中之所供者）。」[20]這麼看來，現在賓館、酒店過年時的「斬客」現象，也是源遠流長。當然，在異鄉過年也並非百無一是，「雖旅邸淒涼，卻無戚友慶賀之勞，免衣冠拜跪之苦」[21]。（他不喜歡「衣冠拜跪」，即使面對孔子，見下文。）這大概是當天唯一值得他稱道的事了。此

16 據吳宓一九一一年二月廿二日日記，一九一一年二月十二、十四日考取遊美學生第二榜的，也「並無一陝甘人，即云南亦無一人。多半皆江浙學生」。《吳宓日記》（第一冊），頁26。

17 《吳宓日記》（第一冊），頁31、48，一九一一年三月六日、四月四日日記。四月四日日記雖然是吳宓進入清華後記的，但之前他肯定就有這些想法。

18 《吳宓日記》（第一冊），頁11，一九一一年一月二十九日日記。

19 《吳宓日記》（第一冊），頁15，一九一一年一月三十日日記。

20 《吳宓自編年譜》，頁95。

21 《吳宓日記》（第一冊），頁15、16，一九一一年一月三十日日記。

外從小就「喜為文詞」的他，這天還像很多文人雅士一樣，元旦試
筆，寫下了新年第一首詩〈新歲雜感〉：

> 今年春色更若何，到眼駒隙感逝波。
> 一片太平新景象，滿城簫鼓舊笙歌。
> 故鄉花草縈人甚，異地山川娛我多。
> 身世篷飄無定事，風光客裏漫相過。[22]

　　這個「新歲」是「大清」末年，但在吳宓試筆「感逝波」時，河
南府看起來還是「一片太平」，正如周作人筆下當年的紹興，雖然
「陰暗的景象總是很普遍」，但「並沒有疾風暴雨的前兆」。吳宓對家
鄉的感情很深，但他再次看到「縈人甚」的「故鄉花草」，竟要在五
十年之後（一九六一年九月），而「娛我多」的「異地山川」，以後還
要加上英美風光，這些肯定都是他當時沒有想到的。最後一句最能反
映他當時心境：「身世篷飄無定事」是他十八年人生經驗之一，今天
再次得到了證明：昨年今夕，他怎麼會想到辛亥年的第一天竟會在風
雪彌漫的河南府度過？「風光客裏漫相過」──此刻身在異鄉為異
客，複試如不中，在北京城裏他也將是匆匆一遊的過客。

　　第三天是正月初二（一九一一年一月卅一日）。天陰沉沉的，刮
著大風。吳宓早上六點就起來了，隨即跟著運行李的客棧夥計趕到洛
陽火車站。八點六分火車開行，「新年初過，乘客頗稀，車上地位裕
如。四野積雪未消，望之一白，為風所擁，雪表面乃作波浪狀。車行
既速，憑窗外望，雪波洶湧，儼然流動於足下。遠顧天際一色，真不

22　《吳宓日記》（第一冊），頁15。一九一一年一月三十日日記。除夕這天吳宓還寫了
　　一首〈潼關〉詩，純是詠史，本文不錄。

嘗在滄海中行也」[23]。——這是他當天的一段日記。如此壯觀的景色，他還是第一次看到，因為之前他除了到過上海，還沒有出過別的遠門，更沒有在冬天北上進京的經歷。十二點五分抵達鄭州後換乘京漢線火車，下午一點六分開行，晚上六時餘抵達河南彰德。當時晚上不開火車，吳宓他們只能住進當地一家「第一賓館」過夜。

第四天是正月初三（一九一一年二月一日）。這天還是「陰，大風」，吳宓又比昨日早起一個小時。當時天還未亮，「夜寒侵骨」，他拿著蠟燭照明，踉踉蹌蹌登上了火車。七點十分開車，下午一點五分到石家莊，四點十分到保定，晚上八點三十到北京前門車站，「道旁電燈平列如線，眼目一明」。隨即被親戚用騾馬大車接到專門招待家鄉人的陝西三原南館，吳宓「遂為京邸旅客矣」[24]。

從去年十二月十九日出發到今天抵達，總計用了十五天（期間在洛陽停留了三天，在彰德住了一晚），當時從西安到北京，可謂難矣（當時從西安寄信到北京也要六天）。只是他抵達北京時不會想到，僅僅九個月後他就逃離了北京，而這次逃離之難，遠不是從西安到洛陽途中的「朔風撲面，夜寒殊凜」乃至「塵氛迷目」、「搖動甚也」所能比的，竟使他「殆為半死之人矣」。

姑先一試

吳宓是為參加複試而頂風冒雪趕到北京來的，對這次考試怎麼會抱「姑先一試」態度？他晚年在自編年譜裏也說，抵京後「宓觀京劇外，注意溫課，預備考試」[25]。但從他參加複試前卅二天（一九一一

---

23 《吳宓日記》（第一冊），頁16，一九一一年一月三十一日日記。
24 《吳宓日記》（第一冊），頁17，一九一一年二月一日日記。
25 《吳宓自編年譜》，頁96。

年二月一日至三月四日）日記來看，事情並非完全如此，而「姑先一試」才是他當時的真實心態。

　　從正月初三（二月一日）抵達北京到下旬參加複試（後推遲到二月初五、初六即三月五、六日），吳宓的備考時間只有三個星期；即使考試延期，備考時間也不過一個月。用今天的眼光來看，他在這些天裏應該很忙，忙於讀書，忙於背記、忙於做題……即使不是忙得日不暇給，也不會無事可做。但出人意料的是，在他這卅二天日記裏，竟然九次出現「無事」一詞：三日是「長日無事」，四日是「晨無所事」，五日是「竟午無事」，十二日是「枯坐無事」，十六日是「夕，無事」，十七日是「竟午無事」，廿一日是「寂寞無事」，廿六日是「枯寂無事」，三月三日是「晚，無事」[26]。今天一個要參加高考的學生，會在考前一個月寫的短信或「微博」裏九次出現「無事」一詞嗎？

　　對吳宓來說，這一個月的頭等大事無疑是「注意溫課，預備考試」，但是在他這卅二天日記裏，有外出（主要是看戲、訪友等）記載的足足有廿一天，而有看教科書記載的卻只有十三天[27]。第一次像樣子的看教科書，竟然遲至二月十三日，這已是他到北京後的第十三天了。即使在有看教科書記載的這十三天中，他也沒有一天是全天看書，大多數日子是早晨或上午看書（有的只是「略閱」而已），然後就讀閒書或外出了，或乾脆「無事」了。今天一個要參加高考的學生，考前一個月裏會如此輕鬆嗎？

　　為什麼會出現如此「反常」（按今天的標準）的現象？是當時的考試對他不構成壓力？還是他胸有成竹？或者別有一番心事？從當時

26　《吳宓日記》（第一冊），頁18-29。

27　二月八、十三、十四、十五、十六、廿二、廿三、廿六、廿七、廿八日，三月二、三、四日。

社會情況和他的日記來看，答案可能是三者兼有，而又以「心事」
居上。

　　先說「壓力」。首先應該肯定當時的考試對學生也有壓力，在全
國範圍內招考的遊美考試更是如此，否則就不能解釋前面提到的百分
之十左右的錄取率和「眾求之不得」現象。但同樣可以肯定的是，包
括遊美考試在內的當時各種考試對學生的壓力，遠遠比不上今天的高
考。原因很多，其中最重要的是當時求學對學生就業的影響遠遠小於
今天，或者說當時社會對求職者的學歷遠不如今天這般看重，而學生
的就業觀也遠不像今天這樣「高尚」。一個人如果讀過幾年書，即使
沒有上過宏道學堂這類學校或更高一級的學校，要找個普通「飯碗」
（如小職員、店員等），並不是一件很難的事[28]。此外當時轉校很方
便，在一所學校讀得不對勁，換一所就是了。因此，即使被清華這樣
的學校錄取了，也有想退學、轉校的。以吳宓他們六個陝西省諮送遊
美第二格學生來說，經過複試，全都被清華錄取，但僅僅過了幾個
月，就有四、五個同學想退學、轉校，而原因也並非都是課程太難，
讀不下去了，最後除了吳宓，其它同學「皆未在清華畢業」[29]。再以
吳宓本人來說，這次複試如果沒被錄取，他很可能去上海讀書，或自
費去日本留學。

　　再說「胸有成竹」。吳宓既是宏道學堂當年畢業生中的「狀元」，

---

28 據鄧雲鄉說：「當時社會上維繫文化傳統中，除各種學校畢業生而外，另有大量的
　私塾教育出來，在各行業學徒的人，他們是社會上另一階層有文化的人。而當時各
　商店，大量的從業員，都是這種出身的。沒有一家買賣，包括大字型大小，什綢緞
　莊、藥店、銀號、大木廠等的經理、帳房先生用一個大中學畢業生。這是舊時談文
　化教育的人很少注意，現代人又很難想像的。」《文化古城舊事》，頁143、144。按
　鄧雲鄉的說明，這裏的「當時」指一九二八年六月至一九三七年七月，而他說的這
　些情況，「當時」之前更是如此。

29 《吳宓日記》（第一冊），頁71，一九一一年五月十六日日記。《吳宓自編年譜》，頁
　99。

也是陝西省諮送的遊美第二格學生，說明他的學習成績在當時陝西同齡人中是一流的（至於陝西的教育水準在全國的地位，另當別論）。這是總的說。再說具體課程，這次複試要考五門課（英文、國文、算學即數學、歷史和地理），但在他有看教科書記載的這十三天裏，他沒有復習國文和算學，也沒有復習中國歷史（複試要考的歷史含中外歷史），這說明他對這兩門半課是有把握的。尤其是算學，他來北京前就認為「萬無一失」[30]。這樣看來，他對這次複試至少有一半把握，「所慮惟在英文」而已。

最後說「心事」。二月三日，即吳宓抵達北京後的第三天，他在日記里第一次寫下「無事」（這天是「長日無事」）後接著寫道：「心緒棼亂，又難讀書，閱短篇小說二冊而已。」一個十八歲的小夥子怎麼會「心緒棼亂」？要了解當時的吳宓，現在惟有看他的日記，而在他前些天的日記裏，與「心緒棼亂」可能扯得上的惟有正月初一寫的「事業無成，時局方厄」以及〈新歲雜感〉這首詩裏的幾句話，但這些想法似乎不至於使他「心緒棼亂」。家裏情況最近沒有什麼變動，他沒有理由「心緒棼亂」。至於「所慮惟在英文」，確是他這些天的一件心事，但事實上他並沒有「慮」到「心緒紊亂」的程度，因為真的很擔憂自己英文程度的話，他抵達北京後就應打開英文教科書，但實際情況是到這天為止，他還沒有打開任何一本教科書，他真正像樣子地復習英文，遲至二月廿二日才開始（二月八日只是「略閱」而已）。既然如此，他為什麼「心緒棼亂」？從他三天後（二月六日）的日記裏也許可以找到一些答案。

二月六日，吳宓接到「遊美學務處告示一紙，言學部定二十五六日複試各省諮送遊美第二格學生」，接著他

---

30 《吳宓日記》（第一冊），頁31，一九一一年三月六日日記。

又據其所列條款觀審一過，則遊美肄業館既經改為清華學堂，
余等複試及格自不能不入其中等科。以已受中等教育之人，再
在此中蹉磨四年，專俟期限之滿，未免徒費光陰。繼而轉思，
已經到此，自不能不考。考而及格者，則肄業其中，再細察看
情形。將來果能靠住往新大陸一遊，則靜待幾日亦無可奈何之
計，否則機會不易得也。況入校後有分班教授之說，已習完第
四年級者，即可升入高等科。姑先一試，如確係功課腐敗、期
限遙遠，不堪一日居者，其後設法退學未嘗不可，況此次試驗
其及第與否尚未可必，何庸早慮及此哉！[31]

從這條日記可以看出，當天他獲知了三個信息：複試日期、遊美
肄業館改名為清華學堂以及清華學堂分中等、高等兩科，學制均為四
年。於是他又「心緒棼亂」了：一是即使通過複試，也只能進清華中
等科，而「以已受中等教育之人，再在此中蹉磨四年，專俟期滿之
滿，未免徒費光陰」；二是清華中等科可能「功課腐敗」；三是出國
「期限遙遠」，但「繼而轉思」，「往新大陸一遊」畢竟「機會不易得
也」，更何況「習完第四年級者，即可升入高等科」，這樣離「新大
陸」也就不遠了。

這是典型的吳宓式的「心緒棼亂」，其特點是多愁善感，患得患
失，想法太多。其實這種「心緒棼亂」大可不必，就以這條日記來
說，遊美第二格學生不能直接出國，這是他來北京前就知道了，既然
如此，通過複試後總得進入清華的一個年級；現在知道清華分中等科
和高等科，而「不能不入其中等科」是清華「條款」規定的，或者說
是清華根據他們的年齡和學歷規定的，並非針對他一人；至於「功課

31 《吳宓日記》（第一冊），頁18、19，一九一一年二月六日日記。

腐敗」、出國「期限遙遠」，現在清華的門都還沒有進，想這些事情未免太超前了。應該說，這些事情吳宓也清楚，正如他自己說的，「此次試驗其及第與否尚未可必，何庸早慮及此哉」，但事實上他還是「早慮及此」了並一一記在日記裏。這麼看來，他的「心緒棼亂」實在是自尋煩惱。

　　這種「心緒紊亂」在吳宓日記裏不時可以看到。例如不久（二月廿一日）在獲悉複試延期這樣一件小事後，他又「心緒紊亂」了：「考期之展延，余深所不喜也。終日心緒紊亂，讀書不能，溫課不能，長日居此寂寞無事，真正度日如年。如此虛擲光陰，實覺可惜也。」接著他把複試延期與「吾國諸事敗壞」、「上下無信、政令反覆」聯繫起來併發了一通牢騷，結論是「現在複試之期雖定二月初五、六日，究亦遷延蹉跎，能不令人懸懸也哉！」[32] 其實「虛擲光陰」，按照今天參加高考的要求來看，正是他這一個月裏約一半日子的寫照——外出看戲等姑且不論，自尋煩惱的「心緒棼亂」不也是在「虛擲光陰」嗎？而他似乎並沒有感覺「可惜」。再如當年九月，他為自己是留在清華讀書還是去日本留學，又「心殊惶惶，不能定止」了幾天，並說「人生最苦莫如心有兩事，未知所可，交戰於中，實覺難受」[33]。由此可見，吳宓自己承認的「素性浮躁，舉事輕率，殊多反覆」這種性格在進清華前就已初步形成[34]，而性格就是命運（Character

---

32　《吳宓日記》（第一冊），頁25，一九一一年二月二十一日日記。

33　《吳宓日記》（第一冊），頁138，一九一一年九月十日日記。

34　《吳宓日記》（第一冊），頁139，一九一一年九月十一日日記。吳宓晚年自編年譜時說：「宓一生感情，衝動甚強。往往以一時之感情所激，固執私見，孤行己意，不辨是非，不計利害（後乃悔悟）。又自己勤奮勞苦，而不知如何尋歡作樂。無逸豫之情，少怡悅之意。對人，則太計較與責難。」（《吳宓自編年譜》，頁30）這顯然要比他當時說的「素性浮躁，舉事輕率，殊多反覆」嚴重多了。吳宓女兒說：「如果父親確如他嘗自比的那種悲劇人物的話，那麼，這部《自編年譜》多少將有助於了解他的悲劇性格是在怎樣的社會歷史背景與家庭環境影響下形成的。」（《吳宓自

is destiny）──據吳宓女兒說，他父親經常引用諾瓦利斯（Novalis）的這句話[35]，正是這種性格在很大程度上決定了他一生的命運。

好在吳宓在二月六日這天多少還是有點想明白了並決定「姑先一試」，於是兩天後（二月八日）他打開了教科書，而這一天已是他抵京的第八天了。值得指出的是，他雖然在這天打開了教科書（這天看的是《納氏英文文法》），但當天只是「略閱」而已，接著就「閱小說一種曰《雙豔記》」。像點樣子的「注意溫課，預備考試」是從二月十三日開始的，而這天距離複試只有二十天了。

前面已經指出，複試前吳宓日記裏有看教科書記載的只有十三天。在這十三天中他打開的教科書計有六種，書名及閱讀次數如下：《納氏英文文法》（五次）、《帝國英文讀本》（一次）、《東洋史》（二次）、《西洋史》（三次）、《中國地理》（二次），《外國地理》（二次）。這麼看來，這次複試他「所慮惟在英文」，並非虛言。

除了看教科書之外，吳宓還通過在北京做小官的同鄉叔伯，搞到了二月份遊美考試複試的題目。首先拿到的是「十四日學部考試遊美學生題目一紙。歷史、地理各出九題，以六問為完卷題，尚簡易。國文則二題必得兼作」。他對這些題目的評價是「題皆樸實說理，以試小童殊難見長」，只是不知「（試）吾輩則又如何者」[36]。接著到手的是「學部前所考遊美學生之英文題二紙」，「一為十六日之默寫題目，計文二節、詩二節：一為翻譯二節及文法組織三條（一、變所與諸單數名詞為複數；二、寫出所與諸代名詞之所有格及目的格；三、寫出所與諸動詞之主要形是也）」。這裏的「默寫」實際上是聽寫（take

---

編年譜》，頁263）「社會歷史背景」姑且不論，吳宓兩歲時失母顯然是形成他「悲劇性格」的一個重要原因。

35 吳學昭：《吳宓自編年譜》（後記），《吳宓自編年譜》，頁263。

36 《吳宓日記》（第一冊），頁21，一九一一年二月十三日日記。

dictation），而「文法組織」題就是現在的語法題。看後他仍然有評價：「題尚不大難，未識之字亦不多」；也仍然有擔憂：「惟不知複試余等時有所變異否也。」[37]

　　像今天高考前不少考生事先去考場「踩點」一樣，吳宓也在開考前去考場作了一番觀察，二月十四日，「午，偕張君至宣武門內學部前遊覽，見小學生頗多手持筆墨，蓋即赴遊美考試而出場者也」。看後他有點慚愧：「其中十一二歲者極多，以余等假冒年齡、老大自慚者對之，能無愧死耶？」[38]其實除了「假冒年齡」有點說不過去，其它是大可不必「自慚」的，因為在當時，全國十八歲青年中能參加遊美考試並考到進京複試程度的，實在是鳳毛麟角。

　　吳宓抱著「姑先一試」的想法而「注意溫課，預備考試」情況，大體就是以上這些。用今天參加高考的要求來看，吳宓的備考態度是不端正的，復習也是不認真的，可以說是「三天打魚，兩天曬網」，但對一個十八歲的大孩子來說，能到北京參加複試就很不容易了，我們實在不應過多責求。此外值得注意的是，在他同期日記裏，沒有其爹爹和親友催促他復習備考的記載，也沒有他們責怪他不抓緊看書、做題的記載。是日記不記還是根本沒這回事？從吳宓記日記事無鉅細的風格來看，似乎以後者的可能性較大。這個判斷如果成立，可以為前面說的當時考試對學生的壓力遠遠不及今天的高考提供一個佐證。

　　吳宓的備考態度既然只是「姑先一試」，對復習功課自然不會全力以赴，而與複試無關的事情倒佔用了他不少時間，其中值得一說的有以下這些：

　　首先是讀閒書，其中主要是小說。吳宓在這一個月裏共讀了十種小說，其中有篇名的八種：《雙淚砰》、《仇情記》、《雙碑記》、《綠蔭

37　《吳宓日記》（第一冊），頁29，一九一一年三月二日日記。

38　《吳宓日記》（第一冊），頁22，一九一一年二月十四日日記。

絮語》、《雙豔記》、《禽海日》、《杜鵑血》（又名《望帝魂》）和《茶花女遺事》。從篇名來看，它們大多可以歸入言情一類，例如《禽海日》是「哀情小說」，「係作者自述其往事，現身說法，纏綿悱惻」。《茶花女遺事》「纏綿悱惻，膾炙人口已久」。《杜鵑血》雖然是歷史小說，記「宋徽、欽北狩，中原陸沉，當時一二志士、宮女其黍離之感，亡國之痛」，但從小說中有宋徽宗填的〈探春令〉（下半闋是「清歌妙舞從頭按，等芳時開宴，記去年對著東風，曾許不負鶯花願」。）來看[39]，也有言情成分在內。

　　吳宓從小就喜歡讀小說，早在十一歲時（一九○四年）就讀了當時「新出之小說《恨海》、《二十年目睹之怪現狀》、《老殘遊記》、《官場現形記》等」[40]。到十五歲時（一九○八年），「商務印書館所出之《說部叢書》第一部第一集至第十集（共書一百部），宓已全讀」[41]。一九○八年一月，他父親帶回一部「《增評補圖石頭記》」（即《紅樓夢》），他「見之大喜，趕即閱讀。並於夜間，伏衾中枕上，燃小煤油燈讀之，每晝夜可讀五回至六回」[42]。不久在宏道學堂他「借得前半部木刻小冊《石頭記》，課餘恒讀之，甚欣快」。所以他對於「《石頭記》第二十至四十回一部分最熟，亦最欣賞其內容也。」[43]值得指出的是，隨著年齡增長，他的閱讀興趣發生了微妙而明顯的變化。例如《茶花女遺事》，他在「丁未之冬」（一九○七年底至一九○八年初）「曾一讀之，顧彼時尚不大喜閱哀情之作，率意翻閱，殊負佳書」，而這次在北京，他是「特取而重讀」[44]。另外從他日記可以看出，來

39　《吳宓日記》（第一冊），頁22，一九一一年二月十四日日記。

40　《吳宓自編年譜》，頁53。

41　《吳宓自編年譜》，頁79。

42　《吳宓自編年譜》，頁74。

43　《吳宓自編年譜》，頁78。

44　《吳宓日記》（第一冊），頁23，一九一一年二月十七日日記。

北京前他就是「林譯迷」，林紓翻譯的《紅礁畫槳錄》、《紅淚影》和《迦因小傳》等都讀過，而這些小說大多屬於言情一類[45]。

　　與一般讀者不同，吳宓讀小說很投入，讀後還喜歡在日記裏寫「讀後感」。例如讀了《禽海日》他寫道：「佳作也。……披閱一過，不禁淚潸潸下，悵觸不懌者累日。世人皆喜讀寫情小說，尤以哀慘之作為甚，非獨余為然也。乃余獨不解人之何樂而為此。思之蓋凡人莫不有情，人同此心，心同此理，睹他人之悲歡離合，則必隱以己為比例；因而情之見於他人者，與我皆有悲歡離合之直接關係，故其感觸也深，刺激也易，富於感情者蓋莫不然也。」[46]晚年他自編年譜時還記得這部小說名乃至小說中女主角名字，可見他當年的「批閱」是很認真的。客觀地說，吳宓的多愁善感性格之形成，與他喜歡讀這些小說不無關係[47]。

　　除了小說，吳宓在這一個月裏還讀了兩種與複試無關的書，一是直隸高等學校用的《倫理學》講義，一是林紓的《畏廬文集》，其中《倫理學》有四次閱讀記載，可惜他在日記裏都沒有留下「讀後感」。

　　二是看戲。吳宓在這一個月裏去看了七次戲，其中一次看「活動

---

45 蔡元培在著名的致林琴南的信裏提到了吳宓看過的幾本「林譯」：「譬如公曾譯有《茶花女》、《迦因小傳》、《紅礁畫槳錄》等小說，而亦曾在各學校講授古文及倫理學等，使有人詆公為以此等小說體裁講文學，以狎妓姦通爭有夫之婦講倫常者，寧值一笑歟？」《知堂回想錄》，頁400。

46 《吳宓日記》（第一冊），頁21，一九一一年二月十三日日記。

47 這些小說的遣詞造句，對吳宓的文字風格也有不小的影響。抗戰時吳宓在昆明西南聯大，當時昆明經常有新電影上映，據何兆武回憶：「據說當時擔任電影片譯名工作的是吳宓老師，不知確否，不過從某些片名來看，如《卿何薄命》、《魂歸離天》（兩辭皆出自《紅樓夢》之類），很像是吳先生的風格。」何兆武：《上學記》，頁131。

影戲」(即電影),兩次看「鐘聲新劇」(即話劇)[48],其餘大概都是看京劇。他當時看戲興致很高,甚至有晚上睡下後再起來去看戲的記錄,例如一九一一年二月十日,「晚既寢,而復與偕徐益齋舅父及南君、張君等至天樂園觀劇」[49]。此外值得指出的是,當時他對「活動影戲」和「鐘聲新劇」印象深刻,日記裏有不少篇幅的記載,對京劇則一字不提,但晚年自編年譜時卻只提京劇,說「宓一生所有之京劇知識和經驗,實皆得自此一月中者也」[50],對「活動影戲」和「鐘聲新劇」卻不提一字。可見他晚年對同一件事的記憶,與當時的日記確有不同。

在看戲方面,吳宓與胡適有一個鮮明對照。同樣是到北京參加遊美考試,同樣是在北京一個月,年齡也差不多(胡適比吳宓大三歲),胡適說「在北京一個月,我不曾看過一次戲」[51],而吳宓卻平均四天半看一次戲。這可能有經濟、愛好等方面原因,但更有說服力的解釋是兩人當時對遊美考試的想法不同。對吳宓來說,參加這次複試不過是「姑先一試」,所以有戲不妨一看;對胡適來說,參加這次考試是他革心洗面、重新做人的一次寶貴機會(這次考試正是在他醉酒被送入巡捕房後不久,見本書第四篇),所以一切都要抓緊。可惜胡適是怎樣度過這一個月的,今天已無從查考了。不過有一點可以肯定:他當時如果記日記的話,絕不會像吳宓這樣,在一個月的日記裏九次寫下「無事」一詞的。

---

48 鐘聲即王鐘聲(1884-1911),浙江上虞人,原名槐清,字熙普,鐘聲是其藝名。早年留學德國,回國後創辦我國首家話劇(當時叫新劇)團體春陽社,是我國話劇運動開創者之一。多才多藝,擅長表演,後因從事反清鬥爭犧牲。

49 《吳宓日記》(第一冊),頁20,一九一一年二月十日日記。

50 《吳宓自編年譜》,頁96。

51 胡適:《四十自述》,《胡適文集》(1),頁101。

　　三是訪友，主要是探訪與他同為陝西省諮送遊美第二格學生的老鄉。這方面值得一說的是一次聚會時他們對借債造路的看法，一位同學說：

　　今日辦事之難，病在財政支絀，民力困窮。凡舉一事，無論其經費之多寡，籌款率非易事。即如西潼鐵路，需款僅三百萬，而招股數年，迄無頭緒。今欲實行修築，則舍借外債不為功。蓋所畏乎借外債者，恐將來不能償還也。今借款修路，路成而利可倍蓰，何懼不能還債耶？

　　「西潼鐵路」即西安至潼關鐵路，全長約一百五十公里，但當時還未開建。吳宓這次乘騾馬大車從西安出發去北京，第四天才走到潼關，見前文。吳宓認為這些話與他的看法「頗合」，接著說道：

　　一般人士狃於執一之見，見言借外債者輒痛斥之，不知借外債者僅借其資本，非盡以利權予之也。果能依期清還，彼外人何得干涉我事？至若引舊事為戒，此則由借債者辦理之不善，豈可以因噎廢食耶！不知體察大勢，確謀進行方法，乃日嘵嘵於官辦、紳辦、華股、外債，吾恐過千百年而鐵路仍未修築，究又何謂也哉！[52]

---

52 《吳宓日記》（第一冊），頁28、29，一九一一年二月二十八日日記。除此之外，從吳宓關於頤和園和圓明園的一段話也可了解他當時的思想：「……西行約及十里，至頤和園。朱門紅牆，望之煥然。其內萬壽山，蒼松疊翠，蔥蘢可喜。以為禁地，弗得擅入，乃返。……歸途又經圓明園，牆壁已缺，另修補之，及入園內一觀，則僅成一大瓦礫場耳。故址略存，荊棘叢生，不禁憑弔愴然，趁趕而出。此園昔何盛，今何衰，園這不幸也。然使圓明園而在數十年前，乘輿臨幸，禁地森嚴，文人學士即欲觀賞之、吟詠之，豈可得哉！今之頤和園，是其例也。乃頤和園自西後昇遐，幾亦空其無人，又安知他年不成今日圓明園之情狀。則以圓明園比之頤和園，

　　從這段對話可以看出：一、吳宓這些學生並非不問國家大事的
「書呆子」；二、他們不僅關心，而且有議論；三、關於借債造路這
個當時的熱點問題，他們是站在盛宣懷、鄭孝胥一邊的，與傳統士大
夫的意見截然不同；四、在吳宓他們發表上述議論時，他們的陝西老
鄉于右任（1879-1964）正在上海撰文激烈抨擊借債造路，可見同為
新派讀書人（於是留日學生），對這個問題的態度也是不同的。

　　除了讀小說、看戲、訪友等之外，吳宓在北京還做了一件多少有
點風險的事：「剪辮子」。二月九日，他外出「購得剪髮機一具。……
既歸寓，余即將辮髮剪去，以水洗頭一過，輕快非常。遂又出購洋式
軟帽，換而戴之。京師各校現雖不許學生剪髮，已剪者弗過問，余剪
之毫無妨礙」[53]。晚年自編年譜時也記得這件事，但說法有些不同：
「宓到京後三日，即同張繼祖毅然將髮辮剪去，薙光頭顱（當時學生
之剪髮者甚少。或指之為『革命黨』人）。」[54]在這種情況下吳宓能
「將辮髮剪去」，確實稱得上「毅然」。不過「薙光頭顱」只是頂上的
「輕快非常」，他的心「輕快非常」嗎？從他日記可以看出，這一個
月來他的心並不怎麼「輕快」，更不要說「輕快非常」了。讀小說、
看戲、訪友等想來使他的心「輕快」一些了，參加複試以後呢？

宓殊以為榮

　　遊美第二格學生複試與胡適等參加的第二批庚款留美考試一樣，
都是遊美學務處組織的，但後者一旦錄取即直接赴美（胡適於七月卅

亦未見其有不幸者存也。」《吳宓日記》（第一冊），頁38-39，一九一一年三月二十
　日日記。
53　《吳宓日記》（第一冊），頁19，一九一一年二月九日日記。
54　《吳宓自編年譜》，頁96。這個說法日期有誤，吳宓的剪辮日期應是到京後第八天。
　張繼祖即前文提到的吳宓的張姓同學。

日傍晚看到自己金榜題名，八月十六日即在上海頓船出國），而前者錄取後還須在清華學堂學習若干年後才能赴美（以吳宓來說，他應在一九一六年出國，後因體育不及格和眼疾這兩個「莫須有」的原因而推遲一年出國）[55]，可見後者的程度要高於前者，對報考者的年齡也因此提高至不超過二十歲。不過前者也不失為當時的一種高標準考試，理由有二：其一，參加者之前已通過了各省組織的初試；其二，參加者在初試報名時理論上都沒有超過十五歲。

從吳宓日記可以看到，遊美學務處組織的遊美考試複試已在二月份考過一次並於二月廿一日放榜。但是他在日記裏沒有說哪些人參加了這次複試，也沒有說多少人參加了這次複試，這就為了解吳宓參加三月份複試人數帶來了一些困難，而所以要了解這個人數，原因是它與吳宓在這次複試中所獲名次的「成色」有關，也與這次複試的錄取率有關。

關於三月份複試的參加人數，現在有三種說法。據吳宓在複試第一天即三月五日日記記載，那天有「考生三百人」[56]。據他晚年回憶，「正月二十、二十一、二十二，在西單牌樓學部署內進行複試。……複試之目的，乃將去歲在北京考取之遊美第二格學生一百四十三名與各省考取、此次諮送來京之遊美第二格學生約近三百名，合併考覈，剔除其顯有情弊及程度太差者，而評定其優劣等第」[57]。照這個說法，參加三月份複試的約有四百四十人。據清華大學新聞網說，一九一一年「共有四百六十八名學生參加複試，其中有由各省經

---

55 《吳宓自編年譜》，頁149、150、155、156。

56 《吳宓日記》（第一冊），頁30，一九一一年三月五日日記。

57 《吳宓自編年譜》，頁98。這裏吳宓對複試日期、天數和地點的記憶均有誤，從他日記可以看到，複試日期是陰曆二月初五、初六，即西曆三月五、六日，沒有第三天的考試。考試地點在宣武門內學部考棚，而不是「西單牌樓學部署內」。

初試錄取後保送的一百八十四名、在京招考的學生一百四十一名和上一年備取的留美生一百四十三名」[58]。

綜合這三個說法和吳宓相關日記，三月份複試的參加人數似乎有兩種可能，一是三百廿五人（一四一加一八四），一是三百廿七人（一四三加一八四）。這兩個數字都與吳宓在複試當天日記裏記的「三百人」相差不大，但是從他同一天日記記載的考場點名情況來看，參加三月份複試的似為三百廿五人，因為點名時是「先本京考取者，次各省諮送者」，即一百四十一人加上一百八十四人，不包括一百四十三個「去歲在北京考取之遊美第二格學生」。換言之，這一百四十三人已在二月份考過了。不過這裏吳宓的記憶可能出了些小問題，他把這一百四十三人也稱為「遊美第二格學生」，而實際上他們很可能是所謂「遊美第一格學生」。他們前一年與胡適等一起報考第二批直接留美學生，因為成績稍差而沒有被錄取，但他們的成績又好於其它沒有被錄取者，所以被歸入備取學生之列。只是這次不知出於什麼考慮又讓他們參加一次考試，是出於公平還是出於慎重？或出於其它原因？由於缺乏資料，現在已不可考。可以肯定的惟有一點：他們進入清華後仍然保留了「第一格學生」的稱號。

參加三月份複試的人數搞清楚了，下面來看吳宓的參試情況。

三月五日這天，吳宓「晨四點鐘起，略進飲食，六點鐘出外，至宣武門內學部考棚。學生來者不少，皆立門外，至七點鐘始關門放入。七點四十分鐘點名，先本京考取者，次各省諮送者」。第二天（三月六日）也是如此，「晨，未明起。復至學部考棚。七點餘鐘點名入內，一切同於昨日」[59]。從早起這一點來看，吳宓們要比今天參加高考辛苦得多，但比起陳獨秀在光緒二十三年即一八九七年參加科

---

58 史軒：〈清華創辦的背景與經過〉，http://news.tsinghua.edu.cn/new/news.php?id=14213。

59 《吳宓日記》（第一冊），頁30、31，一九一一年三月五、六日日記。

舉考試時,「背了考籃、書籍、文具、食糧、燒飯的鍋爐和油布」進
考棚,睡在髒、臭、熱、擠的號舍裏,每天要自己燒飯煮菜[60],不啻
有天壤之別了。

三月五日考試前,考場「監場官又宣言,今日之事亦即分班考
試,故題目皆出數種,難易各別,諸生宜慎擇之」。言下之意,似乎
考生參加複試都能通過,區別僅僅在於分班不同而已。但是實際情況
有不同說法,見下文。監場官講完,考試就開始了,全天分三場進行。

第一場上午九點開始,考國文,共「出五題,任擇一種」。吳宓
在日記中只記了一題:「古今文派變遷說」,晚年自編年譜時卻想起兩
題,一是「中國歷代文學之流派演變綜說」(此題即「古今文派變遷
說」──引者),一是「北京遊況述」。吳宓選作「古今文派變遷
說」。這道題屬於文學史範疇,對十五歲左右的考生來說,「綜」不
易,「說」更難,但是對自幼就「喜為文詞」、十一歲就想寫小說的吳
宓則不然[61],他很可能在這道題上得了高分,從而使他不僅通過了複
試,而且名列前茅。換言之,這道題對他通過複試的「貢獻率」很
大。理由是,另外四門課中他有三門(地理、英文、算學)似乎考得
不好,見下文。

類似情況也發生在半年前的胡適身上。一九一〇年七月胡適參加
的「留美考試分兩場,第一場考國文英文,及格者才許考第二場的各
種科學」。國文試題為「不以規矩不能成方圓說」,據胡適回憶:

> 我想這個題目不容易發揮,又因我平日喜歡看雜書,就做了一
> 篇亂談考據的短文……不料那時看卷子的先生也有考據癖,大

---

60 陳獨秀:〈實庵自傳〉,陳木辛:《陳獨秀印象》,頁220。
61 參閱《吳宓日記》(第一冊),頁110,一九一一年七月十六日日記。《吳宓自編年
譜》,頁53。

賞識這篇短文，批了一百分。英文考了六十分，頭場平均八十分，取了第十名。第二場考的各種科學，如西洋史，如動物學，如物理學，都是我臨時抱佛腳預備起來的，所以考的很不得意。幸虧頭場的分數佔了大便宜，所以第二場我還考了個第五十五名。取送出洋的共七十名，我很挨近榜尾了。[62]

　　梁實秋可能也是如此。梁不喜歡數學，讀小學時「雞兔同籠」這種題目就把他「攪昏了頭」[63]，成績可想而知。一九一五年他參加的清華入學複試（這一年初試、複試均由各省組織），作文題目是「孝悌為人之本」。由於這個題目他「好像以前作過，於是不假思索援筆立就，總之是一些陳詞濫調」[64]。但那些頭腦冬烘的考官大人喜歡的也正是這些「陳詞濫調」，所以這篇作文很可能得了高分，從而彌補了他數學成績差的缺陷，得到了直隸省的一個遊美名額（該省當年有五個名額，報名者有三十多人，初試錄取十人，複試剔除五人，錄取率也只有百分之十五左右）。

　　從吳宓、胡適和梁實秋三人的情況可以看出，當時的遊美考試雖然不會鼓勵偏科，但偏科的學生至少不會吃虧。

　　第二場下午十二點半開始，考歷史，共九題，要求選答五題。吳宓看了題目後有點吃驚，因為二月份的歷史考試，既考中國史，也考外國史，所以他在復習時看了《東洋史》和《西洋史》，而這次九道題目，「惟問本國，不及其它」，考的竟然都是中國史（吳宓在日記和年譜中都沒有記考題，但是清華中等科開學後上的國史課是從宋代開講的，所以這些題目很可能只涉及宋代之前的歷史）。只是此時抱怨

62　胡適：《四十自述》，《胡適文集》（1），頁102。
63　梁實秋：〈清華八年〉，《梁實秋散文》（第一集），頁217。
64　梁實秋：〈清華八年〉，《梁實秋散文》（第一集），頁204。

也無用，他選了其中的第二、三、四、五、六題，選的原則估計也像
考英文、數學一樣，「避難就易」，見下文。

第三場下午兩點半開始，考地理，共六題，要求全做。與考歷史
一樣，吳宓看了題目後也有點吃驚，因為二月份的地理考試，既考中
國地理，也考外國地理，所以他在復習時這兩種地理都看了。但現在
看到的這六道題，也是「惟問本國，不及其它」。聯想到歷史考題，
看來這次史地兩門課的命題者都是「國粹派」。在這六道題中，他感
到有兩道不好對付：「蒙古各旗一題，瑣碎繁雜，不勝記憶。葫蘆島
一題，則因此事方在計劃中，故已出地理書均未言及。」其實「該島
真確位置」（可見他當時還以為「葫蘆島」是一座島），他「亦不之
省」，所以這道題答得「含糊敷衍，蓋可想見」。其它各題也沒有他想
得那麼簡單，以致回答是「缺欠殊多，無如何也」[65]。這裏「葫蘆島
一題」，與東三省總督錫良、奉天巡撫程德全等前些時向中央申請在
該地開港建埠有關（參閱本書第二篇），當時報紙曾報導此事。試卷
上有「葫蘆島一題」，說明遊美考試（至少是其中的地理考試）不僅
要考課本上的內容，也要考課本上沒有的時事。

第一天考試完畢，吳宓當天日記裏有如下一段：

> 今日與試學生，多係小孩，老大甚少。類皆鮮衣美服，歡呼喜
> 躍，紛呶喧逐，不計在學部考棚內也。吾輩年歲已長，與若輩
> 相競，實增慚怍。且與試諸生中，頗不乏聰俊之士，考試交卷
> 皆非常之快，蓋功課既已熟習，或年紀幼小，於事之得失初未
> 注意故也。[66]

---

65 《吳宓日記》（第一冊），頁30，一九一一年三月五日日記。
66 《吳宓日記》（第一冊），頁30，一九一一年三月五日日記。

　　這段日記有五點值得一說：一是參加遊美考試的不僅「多係小孩」，而且還是在公共場所「歡呼喜躍，紛吶喧逐」的小孩，看來大多年齡在十五歲以下；二是他們大多來自「好人家」（「類皆鮮衣美服」），家境至少不亞於梁實秋（梁的父親在京師員警廳任職，擁有北京當時著名飯店「厚德福」股份）；三是他們的家庭在讓他們享受「鮮衣美服」的同時，也注重對他們的文化教育（包括英文），而且效果不錯（「頗不乏聰俊之士，考試交卷皆非常之快」）；四是這些家庭對子女的培養目標很明確，可見「留學熱」當時已在社會中上層蔓延；最後是與這些小孩相比，吳宓深感慚愧，而這種慚愧可能還不止是年齡上的。

　　第二天（三月六日）接著考。也考三場，時間安排與五日一樣。

　　第一場考英文。「題分ABCD四種，以擇作連續兩種者為完卷。」這對考生來說有三種選擇，或做 AB 兩種，或做 BC 兩種，或做CD 兩種。由於 D 種題的第三題中有「account of」（由於）這個短語，吳宓「一時不得其解，未敢操筆，遂作 BC 兩種」。他在日記裏沒有交代英文考試的題型，但是從二月份的複試來看，似乎也應該包括翻譯和語法題。至於這些試題的難度，以今天的眼光來看不會很大，理由是吳宓進入清華後上的英文語法課是從最基本的普通名詞、專門名詞講起的。此外十一年後（一九二二年）胡適為北京大學預科（程度相當於當年清華學堂中等科）招生出的一道英文翻譯題，也可用來觀察當年考吳宓們的英文試題難度。這道翻譯題是：

　　A man must indeed know many things which are useless to a child. Must a child learn all that the man must know? Teach a child what is useful to him as a child.

　　胡適說：「這裏面沒有一個難字，沒有一點難的句法，然而我們幾個教員都翻不出一種滿意的樣本。第三句更難，我試譯幾遍，終不

能充分滿意。」由此他感歎道：「外國文的翻譯，真非易事！」[67]按今天學生的英文程度來看，這三句英文要翻得好固然不易，但要翻個八九不離十，似乎還不是難事，小學高年級學生都可以對付。由此可見，經過百年努力，我國學生的一般英文程度比當年吳宓們確實大大提高了。

第二場考數學。「題分甲乙丙三種，每種各四題，以擇作連續兩種者為完卷。」這對考生來說有兩種選擇，或做甲乙，或做乙丙。由於丙種題中有兩道題要求「試言其理」，吳宓感到這「恐非援例證明之意，未敢便作，退而就乙及甲」。但甲乙兩種題也不好對付，他把甲種題的第二題即「劈生數一題劈至1001，遂誤認為質數，未再試劈」；乙種題中有計算「複利息及開方兩題，數至複雜，小數乘除至十餘位之多，殊費時間。」[68]所謂「劈生數」一題，可能是關於合數和質數（素數）的問題[69]，如果概念清楚，並不是一道難題。至於「複利息及開方兩題」，考的顯然是計算能力，如果當年有電子計算器而且可以帶入考場，對考生來說完全不在話下。只是當時人們做夢也不會想到幾十年後竟會出現這樣的玩意，此時面對著「十餘位之多」的數字，吳宓們苦矣！

第三場考英文默寫。這個默寫實際上是聽寫，共有四節。據吳宓說，「初一人念 CD 二節，誦讀頗速，故余所筆錄者錯誤不少。次又另易一人念 AB 二節，發音較清，進行亦緩，故錯誤尚不大多」。這裏有兩點他沒有交代，一是沒有說念的人是中國人還是洋人，二是沒

67　《胡適日記全編》（3），頁739、740，一九二二年七月二十五日日記。

68　《吳宓日記》（第一冊），頁31，一九一一年三月六日日記。

69　合數是「在大於一的整數中，除了一和這個數本身，還能被其它正整數整除的數，如四、六、九、十五、二十一」。質數是「在大於一的整數中，只能被一和這個數本身整除的數，如二、三、五、七、十一」。（《現代漢語詞典》）

有說念一次還是兩次，如果是洋人念的而且只念一次，則這場考試對吳宓們來說難度不低，因為洋人「雖語音清朗而聽講頗覺困難」[70]。「鐘近四點時默寫已畢，全場考生同完卷出。」[71]這麼看來，念的文本不短，考試時間很緊，考生不可能提前交卷。此外有些地方的考生還很可能吃了虧。據季羨林回憶，一九三〇年他考北大時（當年他報考清華和北大，都被錄取了，但他選了清華），「臨時加試一場英文dictation，一個人在上面念，讓考生整個記錄下了。這玩意我們山東可沒有搞」[72]。季羨林英文好，大體寫下來了，而平時沒有這種訓練的考生肯定就吃虧了。這是吳宓他們考後十九年的事，而當年他們參加複試時沒搞過聽寫「這玩意」的地方肯定更多，吃虧的考生自然更多，可見遊美考試在我國英文考試方面也是領風氣之先的。

考後第一天（三月七日），吳宓對這次參加複試作了一個總結：

> 考試已過，成績未知如何也。窺其情事，此次複試各省送來學生，落第乃不常有之事。如微具程度者，想皆可錄取。特意在甄別高下，以定班次（中等科分設四年級）；故問題咸出數種，難易各別，其中所問常過於原所限定之資格，蓋藉以覘各人之程度也。余於地理一科，掛漏殊多。英文、算學咸避難就易，而舛錯復至此極。即幸蒙錄取，而區分班次必極低微，乃年華已長，歲不我予，如之何哉，亦未如之何也。[73]

---

70 《吳宓日記》（第一冊），頁130，一九一一年八月二十八日日記。這條日記雖記於複試後，但之前感覺肯定也是如此。

71 《吳宓日記》（第一冊），頁31，一九一一年三月六日日記。

72 季羨林：《病榻雜記》，頁70。

73 《吳宓日記》（第一冊），頁32，一九一一年三月七日日記。

「……複試各省送來學生，落第乃不常有之事。如微具程度者，想皆可錄取」云云，如以吳宓日記來衡量，錯了；如以他晚年回憶和清華新聞網的說法來衡量，則可以成立，見下文。所謂「所問常過於原所限定之資格」，即今天說的考試「超綱」。前面提到的地理試卷上的「葫蘆島一題」就是其中之一。從這個總結來看，吳宓對這次複試的感覺不佳，尤其是地理、英文和算學（數學）這三門課，所以他頗有自知之明地說，「幸蒙錄取，而區分班次必極低微」。但出乎他意料的是，三月十八日下午，遊美學務處公佈了這次複試結果，他竟然名列第二！

對這個第二名有必要作三點說明：

其一，這個第二名是三月份複試的第二名，而不是包括二月份複試在內的一九一一年遊美考試複試的第二名。換言之，這是三百廿五人中的第二名，而不是四百六十八人中的第二名。

其二，這次複試只公佈名次，沒有公佈成績，其透明度和說服力顯然不及胡適他們參加的第二批庚款留美考試，因為後者對錄取者不僅公佈名次，而且公佈成績，見前文。

其三，考試名次往往有一定的偶然性因素在起作用，而從三個月後進行的清華中等科第一次期末考試來看，這次複試的名次似乎偶然性因素不小。理由是，吳宓在這次期末考試中（三百一十人參加考試）只考到第廿八名，而複試第一名向哲濬竟然跌到第八十名以外。

但不管怎麼說，能在這次複試中考到第二名，總是可喜可賀的，對來自「偏僻閉塞省份」的吳宓更是一個不小的鼓舞。

吳宓晚年很看重這個第二名，在自編年譜裏寫道：

此次宓以陝西偏僻閉塞省份之人而考到全國第二名，宓殊以為榮（略如吳梅村在明代，由思宗親主考試，取為榜眼），有非

後來留美哈佛大學碩士之學銜、清華大學國學研究院主任之職
銜等,所可及者矣。[74]

　　吳梅村即吳偉業,明末清初著名詩人。明思宗即後來在煤山上弔
的崇禎皇帝朱由檢,這個明朝末代皇帝很賞識吳梅村,當年殿試時把
他取為「榜眼」(第二名)。吳宓以一個亡國之君取吳梅村為「榜眼」
的故事自比,不僅不類,也不合時宜。這段話如果被當年的「造反
派」看到,吳宓的「罪名」可能又要增加一條了(吳宓的自編年譜手
稿第一稿在「文革」初被抄走,上述這段話很可能是第一稿被抄走後
寫的)。此外值得注意的是,吳宓在獲悉自己「考到全國第二名」這
天日記裏沒有說任何喜慶的話,只是簡單地記為「余列在第二」,完
全是以平常心待之(當年張謇獲悉自己中狀元這天日記也是如此,見
本書第一篇),但是晚年回憶時卻「殊以為榮」。同樣一件事,為什麼
當年淡然視之,晚年卻如此看重?因為自己是「偏僻閉塞省份之
人」?這條理由不充分,複試第一名向哲濬來自湖南寧鄉,就「偏僻
閉塞」的程度來說,陝西可能超過湖南,但陝西涇陽、三原很難說一
定超過湖南寧鄉;即使超過了,兩者差距也不會大。為什麼「哈佛大
學碩士之學銜、清華大學國學研究院主任之職銜」都不及一個遊美考
試第二名?值得聯繫吳宓一生不幸的遭遇進行研究。

　　至於這次複試是否有人「落第」,現有兩種說法。一種說法出自
吳宓在放榜這天(三月十八日)日記,說這次複試(指三月份的複
試——引者)「共取學生二百五十八人」[75]。另一種說法又可分為兩
種。一據吳宓晚年回憶,這次複試「剔除去者,絕無」,他一個吳姓

74 《吳宓自編年譜》,頁98。
75 《吳宓日記》(第一冊),頁37,一九一一年三月十八日日記。

好友雖然也被錄取了，但在「三百名以後」[76]。這個說法與他當年日記顯然不同。一據清華新聞網說，參加複試的「這批學生（指一九一一年參加二月和三月複試的四百六十八人——引者）全部合格入學，其中五分之三被編入中等科，其餘入高等科學習，成為清華最早的一批學生」[77]。究竟是否有人「落第」，很難斷定。如按前說，則這次複試的錄取率在百分之八十左右（三二五分之二五八，或三二七分之二五八）。這個錄取率雖然大大高於梅貽琦、胡適他們參加的第一、第二批庚款留美考試，也高於梁實秋一九一五年參加的直隸省複試（錄取率為百分之五十），但畢竟也有百分之二十左右的學生「名落孫山」，可見「落第」也並非是「不常有之事」。如按後說，則皆大歡喜。

從「姑先一試」到「列在第二」，短短一個多月，吳宓實現了他人生路上的一次飛躍。這顯然不是他抵達北京後僅僅十三次打開教科書溫課的結果，而應該歸功於他在陝西多年苦學打下的基礎，儘管他進入清華後，「目睹他省學生，有年齡幼稚而英文程度極深者」時，曾說過「宏道之誤我實深，而亦我之自誤也」這種不盡客觀而又自律甚嚴的話[78]。好在現在一切都過去了。「身世篷飄無定事，風光客裏漫相過」，這是今年正月初一他在洛陽泰安棧寫的一句詩。現在遊美考試事定下來了，美麗的清華園正在向他招手，在那裏他要待上足足五年（這是按學制算，實際他待了六年），無論如何不是也不能「漫相過」了。只是他將怎樣度過這五年尤其是作為「萬事開頭難」的第一年呢？

76　《吳宓自編年譜》，頁98。

77　史軒：〈清華創辦的背景與經過〉，http://news.tsinghua.edu.cn/new/news.php?id=14213。

78　《吳宓日記》（第一冊），頁48，一九一一年四月四日日記。

春來花事新

　　這是吳宓進清華後不久寫的一首詩的開頭句。複試放榜後第一天（三月十九日）他就遷入了清華園，當時正是春天，他「多日蟄居城內，初履郊野，心氣為之一舒。而近郭風景，亦頗不惡。行次前望，西山積雪峰頂，山麓碧翠欲滴，令人神往」[79]。他的人生也進入了春天，「春來花事新」，展現在他眼前的也是一片新景象：

> 清華園……內部地方頗大，勢殊空闊，洋式房屋錯綜散佈。此外有土嶺，有溪水，有小橋，有曲廊，風景極清幽而佳曠宜人。至晚電燈齊燃，前後通明如晝。晚九時有半，聞鈴即寢，電燈亦息。……上課、自修與盥漱、理髮等事，各有一定之地域房屋，而起床、歸寢、吃飯等，亦皆有一定之時刻也。
>
> 早點，人給饅頭二個，外則啜粥，亦備小菜四碟。……十二時午餐：四碗、四盤，米飯。晚飯同。
>
> 本校之郵便、火車以及電話等，皆與京城作直接之交通。惟電燈則係自行設備，其總機關在本校東南隅云。[80]

---

79 《吳宓日記》（第一冊），頁38，一九一一年三月十九日日記。

80 《吳宓日記》（第一冊），頁38-40，一九一一年三月十九、二十、二十二日日記。吳宓看到的新景象中還有清華管理人員對美方的態度：「今日午，美國公使來校參觀，總辦、監督等皆陪侍之。先是昨夕諸管理人員即預備一切，掃除地板，清理什物云，以求潔淨而壯觀瞻，忙忙碌碌如辦差然。臨時又告誡學生：凡寢室、自修室均須整理潔淨，即在教室亦亦端正姿勢，勿忘吐痰。諸君他日赴美，一切皆當如是，美公使今日便要看個榜樣云云。嗚呼，中國人之學堂不懼外部、學部之考察，而懼美公使之參觀。豈真欲修飾表面以壯外觀歟，抑國權墮落，以賠款之餘建立學校，則事事必得受外人干涉耶？」（《吳宓日記》（第一冊），頁74，1911年5月20日日記），可見他對清華管理人員的奴顏婢膝是很不以為然的，這也是了解當時吳宓思想的一則重要資料。

　　「郵便」指郵政服務，「總機關」指發電廠。此外應該說明，當時考入清華，食宿都是免費的，需學生自理的僅僅是書籍和操衣（上體育課時穿的服裝）。

　　吳宓所說的這些新景象，今天看來也許根本不值一提，但是在一百年前，有這種設施的學校在全國屈指可數，能享受這些待遇的學生在全國微乎其微，可見這一百年來我國的教育事業確實發生了天翻地覆的變化。

　　各種新景象中最讓吳宓印象深刻並衷心讚美的是清華第一任教務長胡敦復推行的選課制[81]：

> 先將各門課程，訂立英文一、英文二……數學一（筆算）、數學二（初等代數）、數學三（平面幾何）、數學四（立體幾何）、數學五（平面三角）、數學六（高等代數）、數學七（解析幾何）、數學八（球面三角）等名目，頒佈全校課程表。再經過教師分別對每一學生進行「詢問、考察」及鑒定之後，發給每一學生〈某某上課時間表〉一紙，依格填寫明白：每星期，某日，第幾時，須上某課。該生即可遵行，毫無困難。亦無繁雜與淩亂之弊。其用意，為力求適合每一學生個人之需要及能力，故全高等、中等科不分班，不立年級……

以至他晚年自編年譜時還記憶猶新，認為「此制度極好」[82]。

81　胡敦復（1886-1978），江蘇無錫人。一九〇七年官費留學美國，一九〇九年獲康奈爾大學理學士學位後回國，遂即被召入遊美學務處，主持了第一、第二批庚款留美考試。清華學堂成立後任教務長，不久因與美方在辦學理念上有衝突等原因而辭職。後在上海創辦大同大學併兼多所大學教授。一九四九年後去美國，任華盛頓州立大學教授等。吳宓日記裏對他評價很高。

82　《吳宓自編年譜》，頁102。

　　對吳宓們的「詢問、考察」及「鑒定」分兩天進行。三月廿四日，清華「教務處考驗第二格學生其學過代數、幾何、三角者之數學程度」。據吳宓日記記載，「主考先試余幾何，書問題於黑板，令余一人就黑板演式作答。試余二題，余答皆弗完。乃趨余至鄰室試代數，問題為（x＋a）^{n} 展開之公式並證明，及二次方程二題。余勉強演畢而出。主考者又詢余是否能閱各種英文書籍，余對以恐現在力尚弗及云云」[83]。第二天，「教務處又考驗第二格學生其已習過博物者之博物程度。……共出問題四道。動、植物各二，令於動物、植物各作一題者為完卷。」[84]也許是當時學生對所謂「博物者」（即魯迅信中所謂「天物之學」，見本書第三篇）的認識無甚區別的緣故吧，吳宓日記裏對這次「考驗」結果沒有記載。從吳宓這兩天日記來看，當時清華貫徹選課制是很認真的，對學生是相當負責的。

　　這樣「詢問、考察」及「鑒定」的結果是，「一人往往於國文班次甚高，而英文反甚低」[85]。「中等科學生，以英文程度之深，而與高等科同上課者頗多，而高等科學生，亦間有俯就中等科同習某科者。」[86]至於吳宓，從他日記裏可以看到的結果是：物理被定為「1a」即一年級上半學期水準，也就是全校最低水準；英文被定為「2b」即兩年級下半學期水準，他以為「極為低微」。其它課程沒有記載，不過從他參加複試的情況來看，國文很可能「班次甚高」，國史也是如此，而數學最多被定為二年級水準。這就是當年遊美複試第二名的實際程度。

　　有意思的是，吳宓對自己的物理和數學程度之低沒有怨言，對自己的英文程度被定為「2b」卻耿耿於懷：

83　《吳宓日記》（第一冊），頁41，一九一一年三月二十四日日記。
84　《吳宓日記》（第一冊），頁41，一九一一年三月二十五日日記。
85　《吳宓日記》（第一冊），頁45，一九一一年三月三十一日日記。
86　《吳宓日記》（第一冊），頁48，一九一一年四月五日日記。

余曩在宏道蹉跎數年，雖獲畢業，曾亦何幸，乃今入此校，目
睹他省學生，有年齡幼稚而英文程度極深者頗不乏人。余班次
之分，英文列在2b，極為低微。乃上課數日，終朝溫理讀本，
殊覺費力。又懼隕越人後，則當如何。使早時出外就學，深研
英文，則今亦何讓他人。信乎宏道之誤我實深，而亦我之自誤
也。[87]

所謂「英文程度極深者」，指「他省學生」中有不少人被定為
「4a」即四年級上半學期水準。這條日記不僅反映了遊美學生對英文
的重視，也反映了當年宏道乃至陝西的英文教育水準與「上海、北京
諸處」的差距。

三月卅日上午十一時，清華舉行開學典禮。「管理人員分學生為
六排，依次入，行謁見至聖禮（三跪九叩）及謁見職員禮（三
揖）。」[88]「至聖」者，孔子也。可見清華當年雖然是留美預備學校
（training school），但在「尊孔」方面與其它學校並無兩致。下半學
期在孔子生日（陰曆八月二十七日，當年是十月十八日）這天，全校
還放假一天[89]。「職員」指包括教員在內的全體教職人員，其中教員有
三十多人。開學典禮上他們能享受學生「三揖」的禮遇，可見當時尊
師重教之一斑。

值得一說的是，吳宓當時對「行謁見至聖禮」這套東西毫無興趣
（例如同年九月十日是「皇上典學之期」即欽定的開學儀式，按照學
部規定，當天早晨要「面闕行禮並謁至聖」，他「亦無法，只得隨眾
周旋」[90]），但六十年後，他這個「資產階級反動學術權威」在「『批

---

87 《吳宓日記》（第一冊），頁48，一九一一年四月四日日記。
88 《吳宓日記》（第一冊），頁44，一九一一年三月30日日記。
89 除此之外，當時清華在端午節和中秋節也各放假兩天。
90 《吳宓日記》（第一冊），頁137，1911年9月10日日記。

林批孔」中因為不同意批孔又被戴上『現行反革命』的帽子，受盡摧殘折磨」[91]。這肯定是他當年「隨眾周旋」時不曾想到的，也是人生「無定事」之一例吧。

四月三日（星期一），清華正式上課了。對吳宓和他大多數同學來說，所謂「春來花事新」，主要是迎來了新的學習生活（事實上每天忙於上課，「終朝溫理」課本，他們也沒多少時間做其它事），所以本節下面和下一節主要說他在清華的學習情況。

錢鍾書說，吳宓日記「於日記文學足以自開生面，不特一代文獻之資而已」[92]。確實如此。其實就是作為「一代文獻」來看，吳宓日記也彌足珍貴，其它方面姑且不論，對清華誕生後其中等科第一學年教學情況有如此詳細記載的，迄今為止惟有吳宓日記。這些記載甚至詳細到了記下每天上了哪些課、這些課講了些什麼的程度，以至讀了這些日記，今人還能依稀看到一百年前清華的教學風貌。

根據吳宓的這些記載，可以排出他在清華中等科一九一一年上半學期一份課程表（當時也叫「修業時間表」），見表5-1：

表5-1　清華學堂中等科一九一一年上半學期課程表

	星期一	星期二	星期三	星期四	星期五	星期六
上午	英文	英文	英文	英文	英文	英文
	國史	物理	國史	物理	物理	物理
下午	物理	數學	物理	數學	數學	數學
	數學	國文	數學	國文		國文

注：表5-1根據《吳宓日記》（第一冊）製作。

91 吳學昭：《吳宓自編年譜》（後記），《吳宓自編年譜》，頁261。
92 錢鍾書：《吳宓日記》（序言），《吳宓日記》（第一冊），頁1。

對這份課程表要作幾點說明：

一、由於清華中等科當時「於學生不定班級」，所以這份課程表只適用於吳宓以及與他的程度相仿的學生。不過其它學生也是上這些課，只是各門課的程度高低和時間安排有所不同而已。換言之，這份課程表實際上是清華中等科一九一一年上半學期若干份課程表之一。

二、雖然「修業時間表亦各人不同。概皆每星期二十九小時，每日則別為七學時，依此分配」[93]。其中上午四節課（當時叫四堂課），下午三節課。當時實行六天工作制，這樣算來，一周上四十二節課，課業負擔很大。

三、由於吳宓在日記裏沒有記各門課的課時，所以不知每天「七學時」究竟是怎樣分配的。不過從所用教材來看，英文課的課時很可能最多，因為其它課都只用一本教材，而英文課有三種共五本教材[94]。此外，英文課都排在上午也表明該課課時可能最多。

四、數學課（這學期上幾何）和物理課均用英文教材。這兩門課和英文課一樣，每天都有。

五、包括英文課在內的各主要課程均由中國教員擔任（高等科可能有若干課程由美籍教員擔任）。現在讀到的回憶當年清華的文章，都說除了國文和國史，其它課程都由美籍教員擔任。其實這種情況始於一九一一年下半學期，上半學期還不是這樣。

六、這份課程表不包括「樂歌」（每周上一次）、「圖畫」（每周上兩次）這兩門不考覈的課。加上這兩門課，該學期共開七門課。此外原定還要開「體操」即體育課，因教員「未至，故終一學期而未上班也」。

93　《吳宓日記》（第一冊），頁45，一九一一年三月三十一日日記。

94　一是「讀本」（相當於今天的精讀），一是「文法」即語法，一是英文信函寫作（用了兩本教材）。還有一本《英語捷徑》，不知用於精讀、語法還是寫作。

從這份課程表和上述說明來看，當時清華中等科教學有兩個特點，一是重視英文，這自然是「留美預備學校」的性質所決定的；二是在重視英文的同時，並不偏廢其它課程，甚至「樂歌」、「圖畫」也一應俱全。

以上是清華中等科一九一一年上半學期開課情況。下面看其中國文和國史課的教學內容，先看國文課（表5-2）：

表5-2　清華學堂中等科一九一一年上半學期國文課教學內容

周序	日期	教學內容
第一周	4月4日	《中國文學要義》緒言
	4月6日	國文教課之分配
	4月8日	古時言字義之書
第二周	4月11日	作文（自序）[95]
	4月13日	中國文學之範圍，爨字之分解
	4月15日	爨字之分解，文與筆之別，韻
第三周	4月18日	看書之選擇
	4月20日	秦始皇焚書案之真偽
	4月22日	讀文之八法（一、二、三）
第四周	4月25日	作文：聯句，題目為讀《左傳》書所見
	4月27日	今古兩派之爭及其論點之根據
	4月29日	讀文之八法（四）
第五周	5月2日	《中國史學要義》內容傳概[96]
	5月4日	古文學說之根據

---

95 「序」通「敘」。當時國文（和以後語文）老師第一次布置作文題時，往往要求學生寫一篇「自敘」，以了解學生的文字表達能力和大致經歷。

96 《中國史學要義》可能是《中國文學要義》之誤。

周序	日期	教學內容
	5月6日	讀文之八法（五、六、七、八）
第六周	5月9日	作文（原士）
	5月11日	《左傳》文章與《史記》之比較，與公穀事實之關係
	5月13日	讀文，曾文正〈聖哲畫像記〉（句讀）
第七周	5月16日	《中國文學要義》前編
	5月18日	《左傳》隱公初年
	5月20日	讀文，曾文正〈聖哲畫像記〉（分段）
第八周	5月23日	作文：〈讀曾滌生聖哲畫像記〉
	5與25日	看書，《左傳》鄭莊公克段於鄢
	5月27日	讀文，曾文正〈聖哲畫像記〉（疏證）
第九周	5月30日	《中國文學要義》（言語及聲音）
第十周	6月6日	作文：〈論姚姬傳之評賈生及公孫宏之語〉
	6月8日	《中國文學要義》（音聲、文字之始源）
	6月10日	《中國文學要義》（音符）
第十一周	6月13日	《中國文學要義》前編完

注：表5-2根據《吳宓日記》（第一冊）製作，個別文字、標點略有調整。

　　據吳宓日記記載，這門國文課是姚芒父上的[97]，教材是《中國文學要義》（可能是姚自編的），但從表 5-2 來看，姚上課講的未必都出自教材。由於這本《中國文學要義》沒有公開印行，所以國文課詳情不得而知，但就是從表 5-2 來看，也有以下幾點值得一說：

　　一是重視讀書方法。講了四至五次，約占總課時百分之十五

---

97 姚芒父（1876-1930），名華，字一鄂，號重光，晚年號芒父。貴州人，一九〇四年進士，後留學日本學法政。清華學堂成立後被聘為國文教員，後辭去清華教職，任北平女子師範學校校長等。對金石書畫等都頗有研究，著有《弗堂類稿》等。

（「秦始皇焚書案之真偽」一課，可能是作為讀書方法的例子講的，以證明「看書之選擇」不同、「讀文之方法」不同，會對同一件事作出不同結論），可見姚先生深諳「授人以魚不如授人以漁」。今天的中學語文課也講讀書方法，但一般不會用這麼多課時。

二是重視文字、訓詁、音韻即舊時所謂「小學」。講了六至七次，約占總課時百分之二十，而在講《左傳》、〈聖哲畫像圖〉等課文時肯定也會涉及，所以實際課時還要多一些。可見姚先生雖然是留學日本的「新派人士」，但講課也有乾嘉風格，對學生的要求是「欲讀書，先識字」，重視基本功訓練。今天的中學語文課也講字、詞、音，但肯定不會用這麼多課時。

三是教學內容不限於今天所說的語文，還包括經、史知識。今天的中學語文課也選用《左傳》、《史記》中的文章，但肯定不會講「公穀」即《公羊傳》和《穀梁傳》，也不會講「今古兩派之爭及其論點之根據」和「古文學說之根據」。

四是聯繫講課內容布置作文。布置了五次作文，平均兩星期寫一次，與今天中學語文課布置作文的頻率大致相仿。除了第一次寫〈自序〉即〈自敘〉之外，其它四次都與講課內容有關。《左傳》聯句和〈讀曾滌生聖哲畫像記〉這兩題不必說了，〈論姚姬傳之評賈生及公孫宏之語〉一題也與〈聖哲畫像記〉有關（姚姬傳即清代桐城派大家姚鼐，是曾國藩在這篇文章中推崇的卅二個「聖哲」之一）。〈原士〉一題，可能要求學生仿照韓愈〈原道〉的路子，寫出他們心目中的「士」，從而為下面講〈聖哲畫像記〉作個鋪墊。

按照今天中學（包括高中）語文課教學大綱來看，這門國文課的教學內容和難度都大大「超綱」了（今天中學語文課的古文部分，最多也就講到「鄭莊公克段於鄢」了），其中不少內容屬於今天大學中文、歷史專業教學範圍，如「《左傳》文章與《史記》之比較，與公

穀事實之關係」等。考慮到上這門課的學生理論上都剛過十五歲，這
批學生的國文（或所謂「國學」）程度，肯定大大超過今天的同齡學
生（即使是所謂重點中學的學生），大學文史專業的很多學生恐怕也
比不上他們。

　　但必須指出的是，以上對當時和今天中學生的比較，並不能證明
「九斤老太」式的「高論」。事實上除了國文即所謂「國學」（最多再
加上國史），在其它學科方面，當年的中學生都遠遠比不上今天的中
學生，即使是考入清華的吳宓們也比不上。數理化等就不必說了，僅
以英文來看，吳宓們參加清華複試時的程度，最多也就與今天的初一
學生打個平手，很可能還不及他們，而當年的吳宓們絕對是全國中學
生（指初中生，但當時還沒有「初中生」一說）中的「尖子」，總數
還不到四百人。至於國文或所謂「國學」方面的「今不如昔」，是一
個毋庸諱言的事實。現在很多人急於找原因、想對策，其實根本理由
只有一條：「時勢異也」；既然如此，各種對策似乎都很難奏效。

　　再看國史課（表5-3）：

表5-3　清華學堂中等科一九一一年上半學期國史課教學內容

周序	日期	教學內容
第一周	4月3日	吳宓日記沒有記載，可能因教材沒到而停課
第二周	4月10日	歷史對於國民之觀念及舊史之不完全
	4月12日	宋太祖之政治及海內之平安
第三周	4月19日	慶曆之黨——議神宗之政治
第四周	4月24日	神宗之政治、王安石變法
	4月26日	哲宗之政治及紹聖之紹述
第五周	5月1日	宋徽宗之昏亂及欽宗之受禪
	5月3日	徽欽北狩、高宗偏安

周序	日期	教學內容
第六周	5月8日	高宗偏安及宋金戰和上
	5月10日	宋金戰和下（韓、岳、張、劉諸將事蹟）
第七周	5月15日	南宋之中葉、南宋與道學之關係
	5月17日	蒙古西征、宋元連合、金之滅亡
第八周	5月22日	宋之滅亡
	5月24日	考試（小考）
第九周	5月29日	元世祖之治世
第十周	6月5日	元史
	6月7日	元之末世、宋元之政治制度沿革

注：表5-3根據《吳宓日記》（第一冊）製作，個別文字、標點略有調整。

　　從表5-3可以看出，這門國史課實際上是今天大學歷史系上的「宋元史」（據吳宓日記記載，歷史課用呂瑞廷等編的《新體中國歷史》作教材，上的確實是其中第五編「宋元史」）。今天全國任何一所中學的中國歷史課，都不可能用幾乎一個學期（共講了十五次）的時間來講宋元這段歷史。由於缺乏資料，不知清華中等科當年國史課上幾個學期（一九一一年下半學期歷史課上世界史，一九一二年上半學期吳宓在上海聖約翰學堂，下半學期他回到清華，但在其日記裏沒有上歷史課的記載）。如果上幾個學期，而且每學期都這麼上的話，那麼這些學生的中國歷史知識肯定不會比今天大學歷史專業的學生差[98]。

98 據鄧雲鄉說：「當時北方各省鄉間，一般都無初級小學，啟蒙讀書，都是私塾，俗名『書房』。就是在號稱文化古城的北平城裏，除各種公私立小學之外，也還有一些私塾⋯⋯這些書房的歷史知識靠《三字經》那幾十句『小綱鑒』和看閒書《列國演義》、《封神演義》、《三國演義》、《說唐》等，在這種書房念上五六年書的高材生，其中文化程度和中國歷史常識，遠遠超過現在一般文史院校的大學生。」《文化古城舊事》，頁143。

　　以上是吳宓在清華中等科一九一一年上半學期上的國文和國史課的教學內容。至於英文、數學和物理這三門課，從吳宓日記來看，教學內容都比今天中學上的淺易，所以這裏不予介紹。

　　由於開學時間晚，清華中等科在一九一一年上半學期只上了十一周課（有些課沒上足）就舉行期末考試。對學生來說，這次考試既是對他們一學期學習的檢驗，也是一次決定他們命運的「甄別」考試，通過者繼續留校學習，沒通過者退學。在吳宓看來，「實質此次考試，為管理者只欲將品行不好，過於荒唐之小孩子若干人開除出去之，特藉此以為詞耳」[99]。這個判斷不無道理，事實上在他的同學中，偷盜者有之，嫖娼者有之（僅在他們六個陝西同學中就有兩個，包括他的張姓同學），可見當年通過複試的清華學生並非都是好孩子。考試分四天進行（六月廿三日至廿六日），結果在三百一十個學生中，二百七十四人通過考試，卅六人「被斥退」。考慮到三個月前剛剛舉行過複試，當時清華的學習紀律確實是相當嚴格的，而更令「幾家歡喜幾家愁」的是，通過考試者和「被斥退者」名單竟然都刊登在北京報紙上。

　　吳宓在考試前對自己這學期的學習情況作了一個總結：「英文之進步殊微，令人怏怏。至數學、物理等，皆前此已習過者，特換用英文課本耳。數學以常做問題之故，似較前次之所習稍有進步。至物理則以溫理不易，未得熟讀，獲益良鮮也。」[100]總結中沒有提到國文和國史課，可見這兩門課還是學得很輕鬆的。但由於清華重視英文、數學和物理，所以他考前感覺不太好，覺得「此次考試雖不至有斥退之憂，實難望得良成績也」[101]。其中最擔心物理，因為自己「程度過於

99　《吳宓日記》（第一冊），頁86，一九一一年六月八日日記。

100 《吳宓日記》（第一冊），頁91，一九一一年六月十四日日記。

101 《吳宓日記》（第一冊），頁93、94，一九一一年六月十八日日記。

差池」，「前次考試僅得五十分」，六月十二日的「考試又是如此，將來又不知僅得若干分也」[102]（這天的考試或是測驗，或是小考——引者）。事實證明了他的擔憂，廿一日考物理時，試題「大都不解」，只能「敷衍完卷而已」[103]。

但是從清華公佈的成績榜來看，吳宓這次期末考試還是考得不錯的，成績是中等科全體學生中的第廿八名。不過應該說明的是，「此次之榜取列之先後，惟以分數之多寡為準，而不計班級程度之高低，故其結果如是也」[104]。這裏的「班級程度」指「課程程度」，因為清華中等科當時不分班級。所謂「惟以分數之多寡為準，而不計班級程度之高低」，以英文來說，吳宓是2b水準，假定某同學是3b水準（三年級下半學期水準），再假定吳宓這次考了八十分，該同學考了七十分，則按照清華這學期排名統計方法，吳宓排名在該同學之前。這種只看卷面成績、不看卷子程度的排名顯然是不科學的（複試第一名向哲濬竟排在第八十名之後）。吳宓對此也清楚，所以說「實則分數榜次之事，可憑而不可憑，可徵而不可徵也」[105]。

隨著考試結束，吳宓在清華的第一個學期降下了帷幕。

暑假期間，由於清華不准學生住宿，吳宓只能住到他剛來北京時住過的三原南館。這期間最值得一提的事是他接連廿四天「自行研

---

102 《吳宓日記》（第一冊），頁86、89，一九一一年六月八、十二日日記。

103 《吳宓日記》（第一冊），頁94，一九一一年六月二十一日日記。

104 《吳宓日記》（第一冊），頁102，一九一一年七月一日日記。

105 《吳宓日記》（第一冊），頁103，一九一一年七月二日日記。吳宓到美國後對學生考試有一番很有趣的經驗之談：「學生考試，如戰將之略地攻城。未考之前，竭力準備，考時全神須貫注。及考畢不久，而他種考試又來，始終無休止之時，亦終無圓滿成功之境。至其考不及格，而須再行補考，則如既得之地，復淪陷於敵手。凡考試之前，不覺勞忙之苦，往往考畢之後，精神一散，則大患委頓。」《吳宓日記》（第二冊），頁49，一九一九年八月九日日記。不是「過來人」，不會說得這麼貼切。

習」英文教材《三角》，有時一天花「數小時之久」[106]。這本《三角》是他在整個辛亥年除了上課所用教材之外閱讀次數最多的一本書，之所以這麼用功，用他的話來說是「消此永晝，以應急需，未為無益也」[107]。可見這次住在三原南館，他再也不是「長日無事」、「枯坐無事」了，這無論如何可以說是一大進步。

說起課外閱讀，不妨看看吳宓在整個辛亥年的課外閱讀情況，見表 5-4：

表5-4　吳宓在辛亥年（一九一一年二月三日至八月廿日）的課外閱讀

序號	篇名	備註
1	短篇小說兩冊	篇名不詳
2	小說《雙淚砰》、《仇情記》、《雙碑記》、《綠蔭絮語》	均在二月五日閱讀
3	小說《雙豔記》	
4	「哀情小說」《禽海日》	
5	「歷史小說」《杜鵑血》（又名《望帝魂》）	
6	直隸高等學校《倫理學》講義	有四次閱讀記載
7	「哀情之作」《茶花女遺事》	在「丁未之冬曾一讀之」
8	林紓《畏廬文集》	
9	俞萬春《蕩寇志》	之前已讀過
10	侯朝宗《壯悔堂全集》	有三次閱讀記載
11	《祝枝山全集》	「略翻一過，即置之。」
12	《張惠言詞選》及《續詞選》	以上均是進清華前看的

---

106 《吳宓日記》（第一冊），頁103，一九一一年七月四日日記。

107 《吳宓日記》（第一冊），頁98，一九一一年六月二十七日日記。

序號	篇名	備註
13	梁啟超《中國六大政治家其五王荊公》	國史課有相關內容
14	「偵探小說」《海底沉珠》	期末考試後第一天讀
15	Trigonometry（《三角》）	有廿四次閱讀記載
16	English Composition（《英語寫作》）	唯讀了第一章第一部分
17	《新七俠五義》	
18	「偵探小說」《一百十三案》	
19	「寫情小說」《自由結婚》（又名《情海劫》）	
20	林紓「筆記小說」《技擊餘聞》	評價是「佳書也」
21	英文莎士比亞戲劇故事《暴風雪》	
22	英文莎士比亞戲劇故事《冬天的故事》、《維洛那二紳士》	均在八月十七日閱讀
23	英文莎士比亞戲劇故事《皆大歡喜》	
24	英文莎士比亞戲劇故事《辛白林》	
25	英文莎士比亞戲劇故事《錯誤的喜劇》	八月廿日閱讀

注：表5-4據《吳宓日記》（第一冊）製作，一九一一年八月廿日後吳宓沒有課外閱讀記載。

表5-4有三點可說：一、吳宓的課外閱讀量不大，尤其在進入清華後，其原因看來主要是課業負擔大（每天上七節課，課後還需做功課）；二、下半學期吳宓沒有課外閱讀的記載，這顯然與他遭遇的「幾如癡如醉」的「困苦情狀」有關（見下節）；三、與胡適同時期閱讀的中西文書籍（見本書第四篇）相比可以看出，他們在閱讀趣味方面有不小的差異。

使人幾如癡如醉

　　這句話出自吳宓下半學期開學第一天（八月廿五日）的日記，但這裏的「如癡如醉」並不是「為某人某事所傾倒」（《中國成語大辭典》）的意思，而是形容一種「苦況」。令人意想不到的是，吳宓的這種「苦」竟來自聽課。這天他聽了五門課：英文、世界地理、幾何、世界史和化學，其中除了幾何，其它課均由美籍教員講授，聽得苦不堪言：

> 今日上午四堂，皆係外國教員直接講授。余素未習此，聽聆頗難，又慮教員問及余，余誤會其意，或欲有所答，言不能宣意；以是心恒惴惴，顛倒數小時，使人幾如癡如醉。此中苦況，非身歷者不能道及。他年苟能深通英文，亦決不敢忘此時之困苦情狀。志之以示勉勵也。[108]

　　吳宓上學期總評成績雖然為中等科第廿八名，但他當時的英文顯然還沒有過關，用他的話來說是「進步殊微」，尤其是聽力，所以聽課有如此之「苦」。而所以會出現「上午四堂，皆係外國教員直接講授」這種情況，與清華中等科在下半學期的調整有關。

　　上學期剛開學不久，清華教務長胡敦復就因教育理念與美籍教員不同等原因而辭職，清外務部（當時清華的上級主管機關）遂聘請南開中學創辦人張伯苓擔任清華教務長[109]。張伯苓上任後對清華中等科做了三項重大調整（下半學期開始實施），一是學制由四年改為五年

---

108 《吳宓日記》（第一冊），頁128，一九一一年八月二十五日日記。
109 張伯苓（1876-1951），名壽春，天津人。南開中學、南開大學創辦人，繼胡敦復後出任清華學堂教務長，以後曾任國民參議會會長、國民政府考試院院長等。

（高等科由四年改為三年）；二是取消「於學生不定班級」的做法，把學生按程度分入不同年級（當時學生約三百多人，一個年級就是一個班級）；三是除了國文和數學課，其它課均改由美籍教員擔任，教材也相應變換。

吳宓在這次調整中被分入四年級。按清華當時規定，「有自謂程度與所分年級不合者，可即時報明考驗升班或請降級習學。」吳宓感到「此次分班尚不大為吃虧，所分第四年級程度亦合，且此級學生多半係前在 4a 習英文者。況又有歷史、化學等課重以換用美人講授，余深恐英文程度不足，將來聽課恐不無為難之處，豈敢再考升級乎？」[110]可見他對自己的程度還是有自知之明的，而心頭大患正是英文。

四年級下半學期共開十門課，即英文、國文、數學（仍然是幾何）、化學、歷史（世界史）、地理（世界地理）、樂歌、圖畫、體操和手工。除了星期六下午不上課，時間安排方面與上半學期相同。另外從十月九日起，每周一下午上「修身要義」[111]，四、五年級學生均需聽講。

這些課中有考覈要求的是前六門課，其中使吳宓「幾如癡如醉」的是英文、化學、歷史和地理，因為這些課都是美籍教員講授的。繼開學第一天記下聽美籍教員上課之「苦」後僅僅過了三天，吳宓又在日記裏訴說了這種「苦況」：

> 余此在外國教員前上課，雖語音清朗而聽講頗覺困難。其教授法純以質問，往往問及則不能對。或有所見而意過曲折，詞語不能達意則更困苦。又常恐問及而答弗完，以故上課時矜持殊

---

110 《吳宓日記》（第一冊），頁121，一九一一年八月十三日日記。

111 類似今天的思想道德課，也由美籍教員講。這學期共講了三次，主題分別是誠實、自覺和基本品德。

甚，即一問及，心神已先亂，故對仍弗完。他日英語如能進步，當不忘此日之困難也。[112]

這種「苦況」顯然是吳宓學英文以來從未有過的，也是他進入清華後從未有過的，可見清華中等科教學的突變是從一九一一年下半學期開始的，吳宓學習的突變也是從這學期開始的。

再過了三天，吳宓記下了所謂「質問」教授法詳情：

外國教員其教授法純用質問，與中人異。其授課也，只言明日須預備至第若干頁。明日上課則呼學生起立，令之誦讀，令之講解，並設為問題令為答出。或以一字為題，令作一句，包括此字於其中。一人答而不合，則問第二人，二人不合，則第三人，問至多人不知，始將此一句為之解明。於是質問之間鈴已鳴，則又言明日須預備至第若干頁，遂即下堂。其教英文如此，而歷史、化學等皆亦如此。但如是則學生必極用功，且設為種種方法，則現時雖嫌其難，而習之一年，自可有進步也。[113]

美籍教員這樣講課，聽課的學生正如吳宓所說的，課外「必極用功」，預習下次上課的內容，「且設為種種方法」（從老師的角度猜測他們可能會提出什麼問題），做好回答提問的準備，否則聽了也是白聽。因此英文程度只有2b的吳宓，課餘時間幾乎都用於溫理「右行斜上之文」（指英文），尤其是開學之初。從他日記可以看到，九月二日至七日這六天，除了記當天氣候和上課內容之外，對其它事情不著一字。這種情況與「使人幾如癡如醉」一樣，也是他以往從未有過的。

112　《吳宓日記》（第一冊），頁130、131，一九一一年八月二十八日日記。
113　一九一一年八月三十一日日記，《吳宓日記》第1冊，頁132。

梁實秋晚年也回憶起當時清華美籍教員的教學方法，作為比較，
不妨看看他是怎麼說的：

> 上午的所有課程有一特色，即是每天上課之前學生必須作充分
> 準備，先生指定閱覽的資料必須事先讀過，否則上課即無從聽
> 講或應付。上課時間用在練習討論者多，用在講解者少。同時
> 鼓勵學生發問。我們中國學生素來沒有當眾發問的習慣，美
> 籍教師常常感覺困惑，有時指名發問令其回答，造成討論的氣
> 氛。[114]

梁實秋是四年後（一九一五年）進入清華的，可見這些美籍教員
的教授法與吳宓當時基本一致。

除了結合教材學英文，為了「練習英文、英語之進步」，吳宓還
加入了四年級同學倡立的「英文文學、演說會」（English Literary and
Oratorical Society）。該會不僅規定每周開一次演講會，由若干會員自
選題目演講，還規定「凡本會會員對本會會員，無論何時何地，不得
作一中國語，皆必得用英文，所以求會話之進步也；凡有犯者，則得
罰銀元一角以充會中公款」。吳宓雖然感到「此事殊令人苦悶」，但想
到自己「英文程度本極低微，不能足用，將來開會時演說一切必大為
難，惟就此切磋自得進步，亦未始非無益之舉也」，還是「納入會費
一角」[115]。

表5-5是這個演說會的演說題目，這些題目不僅是吳宓們學英文
的一種記錄，從中還多少可以看出當時清華學生的所思所想：

---

114 梁實秋：〈清華八年〉，《梁實秋散文》（第一冊），頁214。
115 《吳宓日記》（第一冊），頁145、146，一九一一年九月二十二、二十三日日記。

表5-5　一九一一年清華學堂中等科第四年級
英文文學演說會演說題目

演說會及日期	演說題目
第一次演說會 （9月28日）	The Life Story of Peter the Great（彼得大帝之身世）
	To Maintain Student Public Express（維護學生公費）*
	The West Lake（西湖）
第二次演說會 （9月30日）	Books for Recreation（消遣讀物）
	Recently Condition of China（中國之近況）
	Time（時間）
	The Evils of Cigarettes Smoking（吸紙煙之危害）*
第三次演說會 （10月5日）	Mining Development in China（中國之礦業發展）
	A Shameful Information in China（一則中國之可恥報導）
	Student（學生）*
第四次演說會 （10月10日）	Students' Economy（學生經濟）
	The Condition of Soldiers in Future（未來之士兵狀況）
	How to Make Our Future Life（如何創造我們未來之生活）*
	Our Sentiment of Friends（我們對朋友之感情）
第五次演說會 （10月14日）	To Laugh is Helpful to Health（笑有益於健康）
	（天下無中立之事）
	（秦良玉）
	Foot Bonds of Chinese Women（中國婦女之纏足）
第六次演說會 （10月21日）	The Condition of Chine after the Revolution of Hupeh（湖北革命後之中國狀況）*
	The Present Situation of Revolution（當前革命形勢）
	The Hope of Youth（青年之希望）

注：表5-5根據《吳宓日記》（第一冊）製作。有*的是當天演說獲優勝者，由會員投
　　票表決產生。第五次演說會沒評出優勝。「天下無中立之事」、「秦良玉」這兩
　　個演說題目，吳宓日記裏未附英文。

　　吳宓在第四次演說會上作了題為「如何創造我們未來之生活」的
演說，並被評為當天演說的優勝者，可見經過這段時間的刻苦努力，
他的英文表達能力有了提高。此外值得注意的是，第六次演說會至少
有兩個題目與武昌起義有關，雖然今天不可能知道演說者說了些什
麼，但他們顯然關注著事態的發展。

　　「使人幾如癡如醉」，這是吳宓下半學期學習面臨的「困苦情
狀」。由於英語聽力很難在短時期內提高，所以這種「困苦情狀」想
必持續了相當長的時間，而吳宓的課餘時間也幾乎都用在英文方面。
證據之一是在整個下半學期，他沒有課外閱讀的記載，見表5-4。至
於下半學期上的這些課的內容，英文、數學課都和上半學期一樣，比
今天中學上的淺易，新開的化學課也是如此，世界史和世界地理與今
天中學上的差不多，唯獨仍由中國教員上的國文課，與今天中學語文
課依然差別很大。

　　四年級國文課改由一個楊姓老師上，上課次數與上半學期一樣，
也是一周三次。從八月廿六日至十一月二日這十一個星期中，共講課
廿五次（由於學校放假或其它原因，約缺課五至六次）。其中《說文
解字》講了三點五次，《文獻通考》講了七點五次，《史記‧司馬相如
列傳》講了三次，〈淮南王安諫伐越書〉講了一次，《前漢書‧楊雄列
傳》講了三次，《史記‧貨殖列傳》講了兩次，《史記‧河渠書》講了
二點五次，《春秋列國疆域考》講了零點五次。此外還布置了兩次作
文，題目分別是「五帝不相覆三王不相襲議」（這篇作文吳宓「同班
諸君成績皆佳」，而他「草率敷衍，毫無意味」，所以「殊不見稱，僅
得七十二分」[116]）和「詳考歷代教育選舉之制而申論之」（這個題目
是吳宓概括的，原題長至一百多字）。

---

116 《吳宓日記》（第一冊），頁149，一九一一年九月二十八日日記。國文、寫作本是
　　吳宓的「強項」，如此成績，似乎也說明他這段時間的精力主要用於英文。

　　從這些內容來看，這學期國文課的最大特點是課文選得很雜。除
了開學後首先講的《說文解字》（占總課時百分之十四，這可以視為
延續了上學期國文課重視小學的做法），其餘課時講的內容涉及六個
門類，其中有屬於傳記的《史記・司馬相如列傳》和《前漢書・楊雄
列傳》，涉及典章制度的《文獻通考》，涉及經濟的《史記・貨殖列
傳》，涉及地理的《春秋列國疆域考》，涉及水利的《史記・河渠書》，
涉及少數民族的〈淮南王安諫伐越書〉。其中《文獻通考》竟講了七
點五次，約占總課時三分之一。從今天中學語文教材古文部分來看，
上述內容中除了屬於傳記的，其它門類的一般都不可能被選為課文。

　　至此介紹了清華中等科一九一一年兩個學期的國文課。總結起
來，這樣的國文課可以說是「一不分，兩沒有」，即文史不分，沒有
教學大綱、沒有統編教材。由此相應地還可以再加「兩個沒有」：沒
有統一考試，沒有標準答案。

　　國文課這樣上是否好？自然是見仁見智，但可以肯定的是，直至
二十世紀四〇年代，包括清華在內的全國大學文史類課程都還是這樣
上的。例如在西南聯大，據何兆武回憶，「老師講課是絕對自由，講
什麼、怎麼講全由教師自己掌握」；例如中國通史，「錢穆、雷海宗兩
位先生各教一班，各有一套自己的理論體系，內容也大不相同」，而
且「都是講到宋代就結束了」。「向達先生教印度史，兩個學期只講了
印度和中國的關係，成了『中印文化交流史』。」「陳受頤先生的西洋
史，一年下來連古埃及還沒講完。」國文課也是如此，「老師高興教
哪篇文就教哪篇，今天選幾首李白、杜甫的詩，明天選《史記》的一
篇，比如〈刺客列傳〉，或者選一篇莊子的〈逍遙遊〉來講，沒有標
準教本」[117]。

---

117 何兆武：《上學記》，頁107、108。另參閱錢穆在《八十憶雙親・師友雜憶》中對他
　　在燕京大學、北京大學、清華大學、北平師範大學和西南聯大任教的回憶。

　　中學情況有所不同。在三〇年代前，國文和國史的上課情況與何兆武的回憶基本一致。從三〇年代開始，有些地區也推行標準教材，但「標準化」程度要比今天低得多。

　　問題是這樣上課，效果如何？這個問題很難回答，但有一點很清楚：吳宓他們這批清華中等科學生，以後大多在各學科卓有建樹，其中法學的向哲濬、張志讓，社會學的陳達，佛教史的湯用彤，外國文學的吳宓、樓光來，農學的王善佺等，更是所在領域無可爭議的權威。就以吳宓來說，現在公認他為我國外國文學研究和教學做出了重大貢獻。季羨林一九三〇年考入清華西洋文學系（即後來的外國文學系），他在比較了系裏諸多老師後認為，吳宓是「西洋文學系中最有學問的教授」[118]。當然，吳宓他們的學問並非都得自於清華，更並非都得自於清華中等科當年上的國文課。但是包括「一不分，兩沒有」因而顯得「雜亂無章」的國文課在內的清華教學，無疑給他們提供了一個「仰望星空」的機會，培養了他們「獨立思維的興趣和能力」和「自己讀書的興趣和能力」[119]，而正是這種提供和培養，為他們以後在各專門領域的發展打下了良好的基礎。

　　只是這樣上課對教員有很高的要求。以上國文課來說，姚芒父是勝任的（見下文），而楊先生就要比姚先生差一些了（從他講課內容來看，他也是有學問的，只是在教學方面可能有些問題）。此外四年後給梁實秋上國文課並曾痛斥梁「你是什麼東西」的徐鏡澄先生[120]，也是難得的好老師。

　　說起清華中等科教員，在結束本節前有必要專門一說，因為他們是教出吳宓等清華歷史上第一批學生的清華歷史上第一批教員。

---

118 季羨林：《清華園日記》，頁8。
119 鄧雲鄉：《文化古城舊事》，頁134。鄧雲鄉認為，這是教學「最最重要的」兩點。
120 參閱梁實秋：〈我的一位國文老師〉，《梁實秋散文》（第一冊），頁319。

　　先看吳宓是怎樣評價這些教員的。他在當年日記裏提到了四位中
國教員，其中被提到次數最多的是上半學期上國文課的姚芒父，評價
是先貶後揚。「貶」只有一次，寫在聽了姚先生兩次上課後：「國文教
員姚，腐敗非常，胸中毫無宿學。每次上課，善於設法敷衍鐘點。種
種動作，令人發噱。」[121]但不久他就感到自己錯了，「余前謂國文教
員姚，腐敗非常，不能無誤。姚亦有可取處，蓋其人喜為新異之議
論，其評文也亦如是，比之迂儒殊有間也」[122]。其實豈止是「亦有可
取處」，接著吳宓對姚的評價就是「博而通」了[123]。最後是不叫「國
文教員姚」了，而尊稱「姚重光先生」：「其學問如何博精，其議論如
何明通，其於文之道實真有所得，講授至詳且醒。豈楊所能及其萬一
者乎？」[124]（「楊」指「國文教員楊」）這麼看來，剛進清華時的吳宓
真是「有眼不識泰山」，還不能接受乃至欣賞姚芒父的教學風格。

　　吳宓提到的另三位中國教員是「國文教員楊」、「數學教員周」和
「英文教員鍾」。對於楊和周，直接評價只有一次，發生在武昌起義
後不久。當時我國教員紛紛辭職回家，吳宓說，楊「無甚好處」，而
周的離去卻「甚可惜也」[125]，但點到為止，沒有具體說明。此外對楊
還有一次非直接評價，當時楊布置了一道長達一百餘字的作文題，吳
宓在當天日記裏連發六問，主要意思只有一點：楊不如姚。至於「英
文教員鍾」，吳宓的評價是「確實腐敗」，且「罪狀」有五條之多，其
中最嚴重的是「喜於星期日聚眾演說，或日將以暗驅諸生漸入耶教

121　《吳宓日記》（第一冊），頁49，一九一一年四月六日日記。

122　《吳宓日記》（第一冊），頁54，一九一一年四月十八日日記。

123　《吳宓日記》（第一冊），頁128，一九一一年八月二十五日日記。

124　《吳宓日記》（第一冊），頁151，一九一一年九月三十日日記。

125　《吳宓日記》（第一冊），頁181，一九一一年十一月三日日記。吳宓晚年在自編年
　　　譜時還提到周先生先進教學事蹟被《重慶日報》報導一事，《吳宓自編年譜》，頁
　　　102。

也。」[126]「耶教」即耶穌教,當時在一些教會學校,確有一些教員引誘學生入教,不過在清華,至少在吳宓日記裏沒有記載。

　至於教他的美籍教員,吳宓當年日記裏沒有評價[127],晚年卻在自編年譜裏寫道:

> ……當時清華之美國籍男女教師數十人,乃由外務部轉託美國男女基督教青年會直接從美國聘來者。原皆美國之普通中學（High School）之教員（十之七八,為女教員）。既由私人介紹、援引,且有因本人十分庸劣,在美國久不能得一職位,不得已乃甘遠來中國者。不僅學識全無,且其平日言談舉動,亦十分俗鄙、為眾所駭異,如 Miss Liggett（名佚）者。……彼清華之美國教師數十人,薪俸遠比中國教師為高,而只能授低淺之課程（《英語》是其所長,《文學》、《歷史》課亦教不好）,為學生所輕視（形式上卻甚禮敬）……[128]

　可見,吳宓晚年對美籍教員的評價很低,但這些評價似乎與他當年的說法有矛盾。吳宓當年日記裏記載了美籍教員的「質問」教授法（見前文）,能這樣上課的美籍教員,似乎還不至於「學識全無」吧?而且既然說這樣「習之一年,自可有進步」,不就是承認這些美籍教員還是有點「高明」的嗎?此外,吳宓他們的英文文學演說會成

126　《吳宓日記》（第一冊）,頁54,一九一一年四月十八日日記。

127　吳宓在一九一一年五月十一日日記裏提到美籍教員:「現在本堂所聘之美國教員,學問淺薄。數學稍高深,即不敢教授。而即幾何一科,亦嫌艱深,日前請教務長為換課本,言此本我力不能教授,教務長未之允。」《吳宓日記》（第一冊）,頁66。但應該指出的是,吳宓所說的這些情況大概是他聽來的,因為他這學期的幾何不是美籍教員上的,而是中國教員周先生上的。

128　《吳宓自編年譜》,頁102。

立後，「向英文教員 Tarmage 陳請每星期多加課一小時，專備學生於所授功課有不明白之處，以便質問。伊允之。」[129] 十月二日，「午後三時至四時，英文會開第一次文學會，英文教員 Miss Tarmage 亦行蒞止。從學生所請，於是展書質疑問數條，而已滿一小時，遂散會。」[130] 十月十二、廿六日，Miss Tarmage「亦來蒞止」。這麼看來，美籍教員沒有功勞，至少也有點苦勞吧？應該指出的是，吳宓自編年譜時「文革」尚未結束，他對美籍教員的這些回憶，是否受到了當時環境的影響？值得研究。

　　作為比較，下面不妨來看梁實秋對這些教員的回憶，因為他只比吳宓晚四年進清華中等科，當時教吳宓的美籍教員，很多還在。梁先說了兩位女教師：

> 兩位美籍的女教師使我特殊受益的倒不在英文訓練，而在她們教導我們練習使用「議會法」，這一套如何主持會議，如何進行討論，如何交付表決等等的藝術，以後證明十分有用。這也就是孫中山先生所謂的「民權初步」。……她們還教了我們作文的方法，題目到手之後，怎樣先作大綱，怎樣寫提綱挈領的句子，有時還要把別人的文章縮寫成為大綱，有時從一個大綱擴展成為一篇文章，這一切其實就是思想訓練，所以不僅對英文作文有用，對國文也一樣的有用。我的文章寫得不好，但如果層次不太紊亂、思路不太糊塗，其得力處在此。[131]

　　從梁的回憶可以看出，能這樣教學生的教員，即使她們確實來自

129　《吳宓日記》（第一冊），頁148，一九一一年九月二十六日日記。
130　《吳宓日記》（第一冊），頁152，一九一一年十月二日日記。
131　梁實秋：〈清華八年〉，《梁實秋散文》（第一冊），頁213-214。

「美國之普通中學」，顯然不是「學識全無」的。

梁實秋還提到了三位他「不能忘記的」老師：「教音樂的Miss Seeley和教圖畫的Miss Starr和Miss Lyggett」（Miss Lyggett和前面吳宓說的「平日言談舉動，亦十分俗鄙、為眾所駭異」的Miss Liggett，很可能是同一個人），因為她們啟迪了他「對藝術的愛好」[132]。吳宓的圖畫課也是Miss Starr教的，上半學期結束前，她曾把「各生所畫之圖畫」，「選其尤佳黏之教室壁上」，吳宓畫的「二頁在焉」[133]。可惜，晚年的吳宓忘得一乾二淨。

此外從梁實秋回憶的美籍教員的教學方法（見前文），也可看出這些教員的大致水準。「上午的所有課程」指由美籍教員用英語講授的課程。上課時能「鼓勵學生發問」並「造成討論的氣氛」，這樣的教員肯定是有一套的，決不是「學識全無」的人所能濫竽充數的。

上述吳宓和梁實秋對清華中等科教員的評價，無論是當年的還是晚年的，都只是他們的「一家之言」。這些教員的為人和學識究竟如何，恐怕永遠講不清了。但有一點很清楚：正是他（她）們教出了吳宓、梁實秋等一大批以後卓然成家、各有建樹的學生。吳宓、梁實秋們以後的成長，當然還有很多其它老師的功勞，但清華中等科包括美籍教員在內的全體教員為之付出的心血是不應忘記的。

一九一一年吳宓在清華中等科的學習情況就說這些了。最後要指出的是，清華歷史上第一個學年，在學時方面嚴重「短斤缺兩」。上半學期由於籌備倉促，開學較晚，結果只上了十一周課；下半學期原本順風順水，不料爆發了武昌起義，不得不宣佈停課，結果也只上了十一周課。這樣兩學期加起來，只等於正常情況下的一個學期。近代

---

132 梁實秋：〈清華八年〉，《梁實秋散文》（第一冊），頁216。

133 《吳宓日記》（第一冊），頁89、90，一九一一年六月十四日日記。

中國多災多難，剛剛誕生的清華也很不幸。前面說了吳宓的英文演說題目是「如何創造我們未來之生活」，但是演說（這天正是十月十日）後僅僅過了兩天，他和他的同學們要做的就不是「如何創造我們未來之生活」，而是「如何應對目前之生活」，因為他們獲悉了武昌起義的消息。

清華人心惶惶

吳宓晚年在自編年譜裏寫道：「本學期開學上課不久，即有八月十九日（陰曆）『武昌起義』。辛亥革命開始矣。清華人心惶惶……」所謂「本學期開學上課不久」，準確說是一九一一年第二學期第八周。

吳宓是在十月十二日傍晚獲知武昌起義消息的：

> 夕，閱報，則湖北武昌府方有革黨舉事，而防兵復變，倒戈相向，以故武昌府城已陷，瑞督逃往漢口，提督張彪已被捉殺。亂事方熾，正未有已，吾不知中國前途如何？果於何時滅亡也！吾輩又將如之何而可乎？[134]

武昌府「革黨舉事」、「防兵復變」一事，清政府高層官員當晚就收到了加急電報。例如時任海軍部一等參謀官的嚴復，當天日記是四個字：「武昌失守」[135]。在北京，鄭孝胥是十一日下午聽說的，而到十二日上午，由於報紙上刊登了消息，普通市民大多已知道。吳宓獲知消息顯然晚了一些，這可能與清華地處京郊有關，也可能與他當時

---

134 《吳宓日記》（第一冊），頁160，一九一一年十月十二日日記。下面十月十三日日記至十一月九日日記，《吳宓日記》（第一冊），頁160-187。

135 《嚴復集》（第五冊），頁1511，一九一一年十月十日日記。

沒有每天閱報習慣有關。這條日記有四點值得注意。

一、吳宓當天日記有三段，上引這段是最後一段，這說明當時他並沒有意識到此事的嚴重性。不過這種無意識是當時普遍現象，不要說一個清華學生，就是看到武昌起義熊熊烈火的張謇，也是在十二日上午才知道情況不妙的。

二、說武昌府「已陷」，表明吳宓當時是站在「革黨」、「防兵」的對立面的。類似用詞在他隨後一個月的日記裏多次出現，這證明了他晚年的一個說法，「宓當時對革命事業（指辛亥革命——引者），既未參加，且甚不贊成」[136]。

三、所謂「瑞督逃往漢口，提督張彪已被捉殺」的說法均與實情不符。這些說法表明，從武昌起義一開始，報紙上就有不實報導。而從吳宓隨後的日記可以看到，這種不實報導當時幾乎天天都有。

四、吳宓當時對中國的前途是悲觀的。當然，當時持這種悲觀態度的大有人在，清華學生中也為數不少。

在現已出版的名人日記中，對武昌起義及隨後一個月的事態發展有完整而詳細記載的惟有《鄭孝胥日記》和《吳宓日記》。這裏的「完整」指一天不缺，「詳細」指文字有時多達千字。前者是一個五十二歲的清朝「省級幹部」眼中的辛亥革命，後者是一個十八歲的清華學生眼中的辛亥革命，兩者都很有史料價值，堪稱「一代文獻」。從鄭孝胥日記，我們看到了他的「寢不安席，食不甘味」以及對這次革命的「理不能喻，情不能感」（見本書第二篇）。從吳宓（十月十二日到十一月九日）日記，我們可以看到當時「清華人心惶惶」以及北京城內外的若干情況。如此珍貴的資料不忍捨棄，下面逐日摘要抄錄，並附一些說明，看看吳宓是怎樣度過這「人心惶惶」的一個月的。

---

136 《吳宓自編年譜》，頁108。

十月十三日（星期五）：半陰晴。鄂亂為勢甚凶，漢陽亦已陷
落。又鄭州北黃河鐵橋已被隔斷。前日京漢火車南行只至駐馬
店，今則只可達彰德，弗能前進。……又聞京漢鐵路斷後，由
京至陝郵信已經不通。……

大凡有重大事變，社會生活方面首先受到影響的往往是交通，武
昌起義時也是如此。但這條日記所說的京漢鐵路情況僅指民用交通，
而軍事交通並未中斷。從本書第二篇可以看到，十二日上午鄭孝胥向
載澤提出了「保護京漢鐵路」、「河南速戒嚴」等四條對策，這些對策
都被清政府採納了。陝西是吳宓家鄉，所以他關心「由京至陝郵信」
情況。

十月十四日（星期六）：晴。日來警報紛紜，一日數起，聞之
殊令人驚惶異常。觀北京各報，已為政府禁止登載各省亂事，
以故一切詳情難得確知。惟據同學輩之傳聞，而今日所聞者，
事更急緊矣，雲長沙、廣州、南京迭遭失陷。……

這條日記中最值得注意的是當時清「政府禁止登載各省亂事」，
而「禁止登載」的結果，一方面是「一切詳情難得確知」，另一方面
則是小道消息頻傳，甚至傳到了位於北京西郊的清華園，而事實上當
時長沙、廣州、南京尚未光復。

十月十五日（星期日）：晴。晨，沿鐵道步行回城……有於二
十一日自鄂歸者，言十九日至二十一日武昌、漢口狀態最悉，
略謂革黨此次極為文明，極守秩序，商民人等毫未受及擾害云
云。……京師亦已戒嚴，派兵分駐各所。而市上各銀行，日來

迭遭倒閉。緣商民人等自聞亂事，紛紛執鈔票向錢店索支現銀，該銀行等一時存款無多，不能應付，故有此現象。余入城時，信成銀行及其它錢店門口，皆有多人擁擠喧囂。巡警群駐，力為排解保護。而雖用現銀至錢店亦不能得兌銀元，經濟界之恐慌蓋可想見。幸其它一切尚安堵如常，略可強人意也。……（京師經濟界恐慌之原因，實因政府諸大佬皆謀自逃之計，慶王首向大清銀行提出金幣三十萬兩，他大臣約略稱是，人民見之，不知事果如何危急，紛紛效尤。而各大銀行以是而皆十分空虛，故其結果遂致如是云。）

這是武昌起義後吳宓第一次進城後寫的日記，所記當時北京戒嚴和擠兌銀行等事都是彌足珍貴的第一手資料。「京師經濟界恐慌之原因，實因政府諸大佬皆謀自逃之計」，十八歲的學生都能看出這一點，可見「政府諸大佬」當時行徑之惡劣。「慶王」即時任內閣總理大臣的慶親王奕劻，他向「向大清銀行提出金幣三十萬兩」雖不知真偽，但恐怕不是空穴來風。此外應該指出，以奕劻為首的「皇族內閣」登臺這天，吳宓在日記裏寫道：「今日特降上諭，發表新內閣官制。以慶王為內閣總理大臣，以那桐、徐世昌為協理大臣，外部尚書易以梁敦彥。餘皆照舊……中國政府今日並無一人才能出眾、可為國家有所建樹者，終日改頭換面，掉此易彼往復其間者，實不過此數人而已。吁，國事尚可問哉！」[137]可見他對「政府諸大佬」決無好感。

十月十六日（星期一）：晴。……惟政府近來焦慮異常，諸大老毫無能為，惟互相悲歎而已。蔭昌前經受命率軍南下，而乃

---

137 《吳宓日記》（第一冊），頁64，一九一一年五月八日日記。

懼弗敢往，遂運動澤公及攝政王而起用袁項城代為督師，故現
在勝敗之機一決於袁。袁而不肯行也，則革黨或能獲勝；袁而
竟行也，則剿滅革黨直指顧間事。緣北洋新軍皆袁之舊部，而
袁得軍心至切，軍士皆樂為效死。革黨則勢力太微，人數殊
少，範圍殊狹，不能相持，其敗必矣。然使袁竟叛附以倒戈相
向，部下從風，則其事又大異矣。嗚呼！袁項城乎，吾為君謀
之審矣，不知君果何決也。……

　　這條日記反映了當時很多人的一種認識：只要袁世凱「出山」，
「剿滅革黨直指顧間事」。但值得指出的是，吳宓還注意到另一種可
能：「袁竟叛附以倒戈相向，部下從風」，可見他凡事確實想得很多。
此後吳宓又在日記裏七次提到袁世凱，袁在當時的炙手可熱可以窺見
一斑。與吳宓不同，胡適當時在美國也聽說袁世凱即將「出山」，他
的評價是「此人真是蠢物可鄙」（見本書第四篇），由此也可見胡、吳
兩人的區別。

　　十月十七日（星期二）：晴。警報迭傳，戰機未決，京師人心
惶惶，不知所止。
　　本校僻處城外，消息隔閡，謠傳尚少。然同學輩中心已亂，或
慮家中之安危，或慮居此將來之吉凶，以故紛紛請假入城探獲
消息。……同學之請假歸家或避難往津滬者頗不乏人，而居者
亦惶惶無定止，心咸思所以為計者。……

　　這是吳宓日記中第一次提到清華學生中有人逃離，這天距武昌起
義爆發正好一個星期，而學生開始逃離日期肯定在這天之前。「謠傳
尚少」云云，從下文可以看到，其實也不少。「中心已亂」，這是當時

清華學生的心態。可見清華雖然到十一月五日才宣佈停課，而實際上在十月中旬最後幾天，學生已無心上課了。

> 十月十八日（星期三）：晴。今日聖誕，校中照例行禮謁聖，並放假一日。
> 余終日未能溫課，只與葉君等閒談而已。蓋余慮及諸種事變，心亦惶惶。加以同學輩紛思逃避，皆以居此弗行，恐有後患。……

「聖誕」指孔子生日。吳宓這天日記很長，記下了很多「閒談」內容，如「革黨」與官軍開戰及兩種結果、京師「米食不足」、「百物昂貴」、「流寇紛起」、「土匪之禍擾」、清華園周圍所居「滿人」對學校的威脅、逃跑路費「未能足給」等等，可見雖曰「閒談」，談的卻都是生死攸關的大事。

> 十月十九日（星期四）：晴。昨日友人自北京歸者，多言北京現已安靜如常。……
> 昨夜火車經園外者終夜不絕，其行殊速，汽笛鳴鳴，深夜聞之令人震恐。蓋又由他處運兵至京，或調往助戰耳。……聞京中京官之流，多有安頓家眷預備逃走者，則事機之來亦不遠矣。
> 近日警報紛紜，一日數起。要皆影響模糊，毫無確據。聞之殊令人疑信參半，難言其必有，而實亦不信其必無。……

看來經過一個星期的恐慌，北京在表面上暫時恢復了平靜。但「終夜不絕」的運兵火車，使清華園失去了往日的寧靜。至於當時的「京官之流」，據嚴復日記記載，十月十八日，「晤林畏廬，以或云其

盡室南行也」；十月廿六日，他把「十一箱往天津，寄榮官處。數日風聲甚惡」[138]，可見他們多在做逃走準備。「疑信參半」則是「政府禁止登載各省亂事」的結果。

> 十月廿日（星期五）：陰，寒冷。近日事變，紛紛傳聞由京至陝郵信已經不通，乃今⋯⋯始知其誤也。⋯⋯

這種「傳聞」與下面要提到的「天津已陷」、「革軍照會」等相比，在當時根本算不上什麼。這是吳宓日記里第二次提到「由京至陝郵信」，可見他對家鄉的關心。

> 十月廿一日（星期六）：晴。今晨，又傳薩鎮冰水師為革黨所敗。⋯⋯此種新聞雖傳聞紛紛，實難確信。蓋勝敗之機，非袁項城至軍一大決戰後不能定也。⋯⋯

還是假新聞滿天飛，還是看好袁世凱。說起這種假新聞，值得一提嚴復不久後向袁世凱的一條「獻策」：「須有人為內閣料理報事。禁之不能，則排解辨白。」[139]這種「排解辨白」，顯然比一味的「禁」要「高明」得多，但清政府當時的「統治藝術」還沒有提高到這一步（袁世凱是十一月十三日進京掌權的）。

> 十月廿二日（星期日）：晨，沿鐵道步行入城⋯⋯
> 近日京師一切稍形鎮靜，緣自各報受禁令不得刊登鄂事後，一

---

138 《嚴復集》（第五冊），頁1511，一九一一年十月十八、二十六日日記。
139 《嚴復集》（第五冊），頁1513。這條日記記在嚴復辛亥年日記冊最後空白頁上，確切日期不詳。

切消息不易喧騰於社會間，而經濟恐慌亦不如前日之甚。然北
京內城各街則密置守兵，並有遊巡隊。政府已力為戒嚴。

然實在消息雖不能知，而人民之驚慌乎豈可掩乎？……

這是吳宓自武昌起義後第二次進城。這條日記提到了「政府禁止
登載各省亂事」的「效果」，但正如吳宓說的，「實在消息雖不能知，
而人民之驚慌乎豈可掩乎？」其實「內城各街則密置守兵，並有遊巡
隊」本身就說明了一切。此外從這條日記可以看出，當天北京還是有
經濟恐慌，只是「不如前日之甚」而已。

十月廿三日（星期一）：陰，寒冷。袁項城奉諭旨後，雖允往
軍前，而意殊遲遲，只以集待舊幕人員為詞，遲遲不發。而上
書請求三事：（一）速開國會。（二）解釋黨禁。（三）則此次
進行方針，一意主撫是也。此三者政府必不易於許從，而袁亦
以是為遲緩計。蓋袁此時進退維谷，處境極難。以余代為之
策，則不往為善，蓋此行無論勝敗如何恐皆不免，何必再於今
日之時代，強作第二之曾、左哉！況其事之順逆、勢之倒置、
利害之大相懸殊，又有如此者乎。……

說袁世凱「上書請求三事」有誤，事實是袁上書請求六事：「開
國會，組責任內閣，解黨禁，寬容起事黨人，總攬全國兵權，寬於軍
費。」[140]「曾、左」指曾國藩、左宗棠。這條日記全是吳宓在為袁世
凱「打算盤」（同日日記裏吳宓也在為「革黨」「打算盤」，文長不
錄），但與十六、廿一日日記相比可以看出，他對當時形勢的判斷已
有所變化。

---

140 唐德剛：《袁氏當國》，頁21。

> 十月廿四日（星期二）：陰。風。寒冷。……
> 晚，報載長沙失守，或係確信。又載陝西兵變，此事余聞之固
> 亦吃驚，然實不敢信其必然。……余常謂陝人今日之程度低
> 微，尚無為革命軍之資格也。

像對「吾陝」學生的英文程度不看好一樣，吳宓對「陝人」的政治覺悟也不看好。不過吳宓這次判斷一半錯了，事實是陝西新軍第三十九協已於十月廿二日在西安起義。但也有被他說對的，當時的「陝人」的確「尚無為革命軍之資格也」，見下文。

> 十月廿五日（星期三）：晴。鄂事惶惶，殊未知結果何如？但
> 據報章揭，則革黨在鄂設施制度，一切迴有規模，氣象蒸蒸，
> 方興未艾。而政府則萎遢，一無所為。將來事局如何，實未可
> 以預卜也。
> 聞京師近日愈益戒嚴，至今日則將槍炮諸物已皆堆置城垣，大
> 有守陴禦寇之意，以是人心紛亂，各校學生請假回籍者更不乏
> 人……

這裏提到的「報章」，或是在北京出版的，或是從外地流入北京的。如是前者，表明清政府關於「禁止登載各省亂事」的禁令成了一紙空文。如是後者，表明清政府雖然還能控制北京的輿論，但根本無法阻止外地「報章」流入北京。無論前者還是後者，都證明吳宓說的一點不錯：清政府已經「萎遢，一無所為」。

> 十月廿六日（星期四）：晴。近日天氣寒冷，殊不可支。今晨
> 學生有出校回籍者。而同班之中，亦有若干人請假回城，偵探

消息，藉作逃計，殊覺惶惶異於常日也。……

午後，又開英文文學會，Miss Tarmage 亦至，但會員到者僅十二人。上課人數亦如之，蓋有若干人已整理行李，預備明日即行者。其它蓋皆入城預備行事，咸思他適。今日一日間出校歸家者，多至二三十人。而管理人亦無所為計，至晚而復不准請假……

余寢室六人中，今日已去其一人。自修室中，直無一人溫理學課，皆聚談奔走議逃避計。……

從吳宓日記可以看到，他們的「英文文學會」至少有二十個會員，而現在到會者只有一半了。「今日一日間出校歸家者，多至二三十人」，可見當時在清華學生中大規模的逃離已經開始。按這種規模逃離，不消半個月清華園就空無一人了。「管理人亦無所為計」，只能說說「不准請假」之類，而事實上他們也在想逃離。

十月廿七日（星期五）：晴。今日風聲更緊，人益惶亂。同學輩紛紛逃走回家，全校學生幾去其半，上課時同班到者僅十一人。

至京中現狀，則聞已大有亂象。京官眷屬，紛紛送之回籍。……聞管理人有請美國公使館派兵來此守護之說，此其不可恃三尺童子類能言之。……

清華學生當時約有五百人，武昌起義爆發到這天剛剛過去半個月就已「幾去其半」，可見「清華人心惶惶」到了什麼程度。至於吳宓班裏，「十一人」上課還沒有創下最低紀錄，過幾天就只剩下「七八人」了。「美國公使館派兵來此守護」是當時清華校方的「一廂情

願」，但連吳宓都看出不可信。不久這個幻想破滅，清華就只能「暫行解散」了，見下文。

> 十月廿八日（星期六）：晴。午後，范、唐二監督來校，在食堂演說，謂……自今日起，一概不准請假。凡欲去者，皆當作為自行退學，不能再算本校生徒。……
>
> 然此令下後，諸生之去校者仍滔滔不絕，率皆自請退學。……

范指范源濂（1876-1927），唐指唐國安（1858-1913），他們當時是僅次於總辦的清華第二、三把手。兩位「監督」親臨講話，想以「自行退學」這一條來阻止清華學生逃離，不僅無效，相反還對這種逃離起了促進作用，可見當時「領導講話」已嚇不了人，「清華」也留不住人了，真是「清華誠可貴，留美價更高，若為生命計，兩者皆可拋」。

> 十月廿九日（星期日）：半陰晴。晨……步行入城。余至三原南館……
>
> 余今日在此得閱《民立報》，其中盛稱革命不遺餘力。蓋北京各報極力辯護，言毫無事情，好傳蔭昌勝仗，實皆不可憑信。而上海諸報則竭力鼓吹，言革軍之多勝利，實亦有過分語。吾輩今日處此，如在夢中，外間真確消息毫未聞知，實為不妥之至。……
>
> 今日北京情狀略如常日，聞初五、六兩日備極恐慌，今日似又稍清。然京官眷屬已紛送出京，其逃避出京之人，日不可以數計。城中各校學生業已盡退，幾乎全空，而仍上課維持如常。京津等各火車，日售票至三千餘張。而以擁擠不得上車而復歸

者，每晨又數百人。由津至滬輪船之擁擠稱是，船價確已漲至
二十五元。而天津旅客客棧等處，住客已滿不能容。北京亦
然，租價日增。而北京市面恐慌尤達極點，匯兌亦幾不通，諸
人皆告窘乏。……

這天是吳宓自武昌起義後第三次進城。這條日記比較了京滬兩地
報紙（在北京可以讀到《民立報》，證明前面說的清政府根本無法阻
止外地「報章」流入北京）的有關報導，結論是前者「不及」後者
「過」，基本符合當時的情況。從這條日記還可看到當時北京、天津
的「恐慌」程度，「似又稍清」的這天情況尚且如此，前幾天的情況
可想而知。

十月卅日（星期一）：晴。今日重陽節也。……
晨，聞同學某君言，初七日晚，京師捉獲革黨之潛匿者二十有
七人，其中四人無辯，已殺之，餘二十三人則拘繫也。……
……（近二日來，同學之去校者仍源源不絕。昨夕歸時，余寢
室中又去一人。第四年級在校者十一人。其比例，較之他級，
人數較多也）。

雖然是「聞」，但這種「捉獲」、「殺之」、「拘繫」，在全國不少地
方都有發生，見本書第一篇。清華中等科有五個年級，各年級人數不
同。吳宓所在第四年級人數，因當時有升級、降級和插班等變動，確
數不詳，估計下限在三十人左右，上限在五十人左右。高等科有三個
年級，總計約有一百五十人。這麼看來，截至這天，清華學生已有三
分之二逃離了。

十月卅一日（星期二）：晴。自鄂事發生以來，至今恰二十
日，余等既憂國勢之將來及世界之變遷，復以亂耗迭傳並為故
鄉慮，為家中慮，而又為一己生命之安危慮。以故，心常大
擾，皆毫未習學課。余至今日始覺心緒稍寧，略可注意課
業。……

今日同學之去校者甚少，不逾五、六人而已。一般情勢稍似安
靖。……

有這樣「一憂」、「三慮」的吳宓，當然是讀不進書了。「今日始
覺心緒稍寧」這一句，說明與其它同學相比，他當時的心態還算是好
的（吳宓原本不想逃離，這與他特殊的家庭有關，參閱《吳宓自編年
譜》）。至於「一般情勢稍似安靖」，從下面日記可以看到，這其實是
暴風雨來臨前的徵兆。

十一月一日（星期三）：晴。近日忽喧傳廣東等省，業已完全
宣佈獨立。……然山西亂事殊烈。以故，學生今日之去校者又
十餘人。……

山西距北京較近，「亂事」對北京的影響自然也較大，所以「去
校」學生從昨天的「不逾五、六人」上陞到今天的「十餘人」。

十一月二日（星期四）：晴。……
此諸日中，學生日日有去校者。余同級現尚存十人，而上課時
往往只得七八人。蓋有若干學生自己亦不作逃計，乃留此亦不
為學，徒自紛擾，究亦何益？而他級學生尤甚。……

吳宓的「同級」又逃走一人，「七八人」上課創下了新的紀錄。
這還算好的，因為「他級學生尤甚」。可見即使清華校方幾天後不宣
佈停課，這個課也是上不下去了。

> 十一月三日（星期五）：……
> 本校中國教員，多半皆已辭職回籍。余之功課，僅余外國教員
> 教授諸科。……

吳宓當天日記沒記天氣。清華中等科本學期由中國教員上的課是
國文和數學，現在這兩門課都停了。其實即使不停，無論老師（包括
美籍老師）還是學生，都早已沒有心思上課了。吳宓這天按理應上英
文、歷史、幾何、地理、化學和手工這六門課，而實際只上了英文、
歷史和地理。

> 十一月四日（星期六）：半陰晴。大風。昨夜火車過此園外之
> 鐵路者，終夜不絕。晨起，則猶見一長列車滿載兵士及炮械等
> 物由北而南，雲係自他處調來之兵以守衛京師者也。此事之緊
> 急可知矣。
> 江西、湖南、四川諸省留京同學，皆由會館籌得公費若干金，
> 每人可得數十金，可持作路費他往逃避。余等則弗能也。……

運兵火車「終夜不絕」已不是新鮮事。這條日記中值得注意的是
若干地方駐北京會館在當時這種緊急情況下起的作用。「余等則弗能
也」，說明三原南館乃至整個陝西會館財力有限[141]。

---

141 據吳宓一九一一年十一月七日日記，當時在北京也有陝西老鄉「欲援他省先例，將

十一月五日（星期日）：晴。晨，聞上海失陷……

夕，監督范等在高等科禮堂演說，余等往聽時，諸管理員咸在。而學生以高等、中等兩科合計僅百一二十人，蓋其尚在此者盡於是矣。首由監督范謂現在事情緊急，人心惶恐更非昔比。而學生中多數出校，現在諸位中國教員又皆紛紛請假辭退，教課之事殊難進行。故現在決定停課一月……

上海於十一月四日光復，但在吳宓看來仍然是「失陷」，說明武昌起義近一個月後，他對這次革命還是持「甚不贊成」的立場。清華學生只剩下「百一二十人」，表明當時已有約八成的學生逃離了。再加上「中國教員又皆紛紛請假辭退」，清華只能停課了。

十一月六日（星期一）：晴。今日停課，益覺無聊，又不喜讀書，實則心境如此，確有不寧者存也。……

夕，忽喧傳天津失陷，繼知尚未也，特人心大擾亂。事亦將發現於一二日內矣。

京津相距很近，關係密切，所以「天津失陷」即使是謠傳，也會使北京「人心大擾亂」。「事亦將發現於一二日內矣」，吳宓的判斷基本上還是對的，三天後他就逃離了清華。

十一月七日（星期二）：晴。大風，霜降甚重。晨……乘火車至廣安門入城。……

關中會館款項提出，令各京官與學生分用之，以謀逃避他方之計。但現方計劃，未得成功，亦難必也」。《吳宓日記》（第一冊），頁186。

聞吾陝新軍變後頗無規則，一變而為土匪，肆行劫掠。……
晚，偶睡醒，思及諸種問題，感慨叢集，遂致失眠。輾轉反覆
至數小時之久，始得朦朧睡去云。

這天是吳宓自武昌起義後第四次進城。「吾陝新軍」竟然「一變
而為土匪，肆行掠搶」，與魯迅筆下的「吾紹之軍人」可謂同出一
轍，見本書第三篇。「諸種問題」包括逃難的旅費、「為故鄉懸心」
等。當晚「思及」這些問題的清華學生肯定不止吳宓一人，「遂致失
眠」的恐怕也不止吳宓一人。

十一月八日（星期三）：晴。晨，聞天津已陷，並聞北京非常
惶惑。革軍已有照會給各國使館，言令於五日內，將一切預備
停妥。五日後，即進兵來攻北京矣。乃美國公使又函致本校諸
美國教員，謂事變緊急，使館兵數不多，似難分力守護此園。
以故美國教員中多有搬出者。……
午，高等科舉代表二人，中等科亦舉四人，擬向監督要求分散
旅費於各生，俾得他適……
晚八時，監督使代表向余等發表：言事情緊急，美兵既不來保
護，則實無法維持。故現定辦法，將本學堂暫行解散。現僅余
存款三千金，當分給諸生當旅費各謀他適，計每人可得二十
元，明晨給發。凡職員、學生人等，統即於明晨搬出云云。於
是余遂決意赴上海。……
是夕心棼如亂絲。……

「天津已陷」和「革軍照會」（這種照會與鄭孝胥收到的匿名信
相似，見本書第二篇）均繫謠傳，真正使清華校方決定「本學堂暫行

解散」的是美國公使的這封信。既然美國兵不能「分力守護此園」，
「美國教員中多有搬出者」，清華自然只能「暫行解散」了。這裏的
「存款」指清華辦學經費，能應學生之請把辦學經費分發給在校職
員、學生作逃難旅費的學校，不知當時是否有第二所？這天晚上，
「心棼如亂絲」的吳宓與七日一樣，肯定沒有睡好。

> 十一月九日（星期四）：晴，風。晨五時起，九時與朱君等運
> 行李於大車二乘，由曹君等四人押之行。……余遂及葉君等入
> 城。回顧清華園風物，愴然欲涕，未審他年得一重睹此景否
> 耶？[142]

　　這是吳宓一九一一年最後一次日記。儘管他在以往日記裏多次說
過清華的不是，但此刻真要離去，還是「愴然欲涕」。只是此時他做
夢也不會想到，不過半年，他就重睹「清華園風物」了。
　　吳宓是與同學一起乘京張（北京—張家口）火車進北京城的。下
面是他自述的逃難情況，可見這次逃難之「難」，遠遠超過今年一月
下旬從西安到洛陽這八百里路上的「朔風撲面」、「塵氛迷目」：

> 至（北京）正陽門，轉乘京津火車，夕抵天津，投住泰安棧，
> 方擬休息，忽棧中人來言：已為購得招商局之「普濟」輪船統
> 艙票，今夜即可開船，云云。晚飯後，眾即離棧。宓諸事不
> 管，但自己掙扎，或偶牽一友之手，行過火車站一帶地區，軌
> 道、鐵絲、縱格、橫阻、高下不平，又黑暗無燈，行過甚困
> 難。宓幾次跌倒，痛且悲。終由小艇載送，登入「普濟」輪

---

142 《吳宓日記》（第一冊），頁187，一九一一年十一月九日日記。

船。此船極小，本為運煤之船。其時，爭先南歸者，大都是官
宦宅眷，彼輩將其婢女、僕婦、行李、箱籠、器具、雜物，尤
其許多馬桶，悉置於統艙中，故統艙中之空氣極穢濁，入其中
者即將嘔吐，況我等之位置，在船尾兩側末端，宓尤在最後之
一點，受海中風力、水力之打擊最巨，而搖擺播蕩亦最多。明
日未曉，開船。連日皆陰晦，適遇大風。宓眩暈嘔吐甚劇（宓
左右周圍之乘客男女，其嘔吐者亦甚多）。初次下海，經驗殊
不為佳。約九月二十六七日上午，到達上海，宓殆為半死之人
矣！[143]

其中提到的「馬桶」，有必要作個說明。據包天笑說，當年出門
旅行「至少要有四件行李：一是鋪蓋；二是皮箱；三是網籃；四是便
桶」。「便桶就是馬桶。……但旅館裏不備此物，務須貴客自理（那時
抽水馬桶，尚未出世），於是行李中不能不有此一物了。」[144]「旅館
裏不備此物」，「普濟」輪船上想來也「不備此物」，於是「爭先南歸
者」就只能自帶「此物」了。這樣「空氣極穢濁」，再加上「眩暈嘔
吐甚劇」，吳宓就「殆為半死之人」了。

吳宓是辛亥年九月二十六七日（一九一一年十一月十六或十七
日）逃到上海的[145]，辛亥年餘下的日記始於十二月初四（一九一二年
一月廿二日），當天他去上海「梵王渡聖約翰學堂報名」，打算進該學
堂讀書，「歸途並至愚園一遊」。

二月五日（十二月十八日），吳宓參加了聖約翰學堂的入學考

---

143 《吳宓自編年譜》，頁106。

144 包天笑：《釧影樓回憶錄》，頁177。

145 《吳宓日記》整理者說，吳宓是在「陰曆九月廿八日或廿九日（亦即陽曆十一月十
八或十九日）抵上海」的，《吳宓日記》（第一冊），頁187注4。

試。上午「九時，入考英文場。所考者為讀、默寫、釋字、文法、地
理、算術等，題率淺易」。下午「一時，入考漢文場。所考為中國歷
史、中國地理及論文一，題為：〈學然後知不足論〉。又則講古文一段
而已」[146]。本來就基礎不錯，再加上去年在清華的學習，這些考題對
他來說自然都十分「淺易」。

不知是當時閱卷、錄取效率高還是其它原因，考後第二天（二月
七日）早上，吳宓就從《民立報》刊登的聖約翰新生錄取名單上看到
了自己姓名。「既經錄取，則決意入約翰」──事實上不久他就後悔
了，僅僅上了兩個月課，他就「迫不及待，毅然退出了聖約翰」，
回到清華[147]，再次表現出了他的「殊多反覆」，但這已不是辛亥年的
事了。

除夕晚上（一九一二年二月十七日），吳宓與表兄、表妹到「大
馬路」即今天的南京東路遊玩，回來後寫了辛亥年最後一天日記：

> 今日除夕，種種皆新年景象，余對之益多感懷。
> 終午無事。
> 晚，及君衍、之穎出外，游於大馬路一帶，燈火光明，笙歌嘹
> 亮。回憶昨年今夕，其情況真不可問。而余著筆此冊日記，才
> 書幾字而一冊竟無餘紙矣。噫，可慨哉！[148]

「今日除夕」，也是國號改為中華民國後的第一個除夕（幾天前
清帝宣佈遜位，但不知何故，如此重大的事件在吳宓日記上沒有留下
任何記載），看著種種「新年景象」，吳宓真是「益多感懷」。想起

146　《吳宓日記》（第一冊），頁190，一九一二年二月五日日記。

147　《吳宓自編年譜》，頁110、111。

148　《吳宓日記》（第一冊），頁194，一九一一年二月十七日日記。

「昨年今夕」他還在大雪紛飛的洛陽泰安棧度歲，而一年後竟會在「燈火光明，笙歌嘹亮」的上海，「其情況真不可問」——這也是「身世篷飄無定事」吧？不巧的是，日記才寫了幾個字，日記本「竟無餘紙矣」，否則本子上大概還會多寫幾句。新的日記本還待購買，他人生的新的一頁也等待著他去揭開。

引用書目

〔法〕盧　梭　《社會契約論》　商務印書館　1980年2月

章開沅　《開拓者的足跡：張謇傳稿》　中華書局　1986年12月

戚其章　《中日戰爭》　中華書局　1993年12月

《張謇全集》　江蘇古籍出版社　1994年10月

《張之洞全集》　河北人民出版社　1998年1月

衛春回　《張謇評傳》　南京大學出版社　2001年12月

中國社會科學院近代史研究所近代史資料編輯部編　《近代史資料》
　　　　　（總102號）　中國社會科學出版社　2002年3月

姜鳴　《龍旗飄揚的艦隊──中國近代海軍興衰史》　生活・讀書・
　　　新知三聯書店　2002年12月

張愛玲、胡蘭成《張愛胡說》　文匯出版社　2003年9月

蔣廷黻　《中國近代史》　上海古籍出版社　2004年7月

虞和平　《張謇──中國早期現代化的先驅》　吉林文史出版社
　　　2004年12月

王芸生　《六十年來中國與日本》　生活・讀書・新知三聯書店
　　　2005年7月

《翁同龢日記》　中華書局　2006年12月

葉參等　《鄭孝胥傳》　（偽）滿洲圖書株式會社　1938年

愛新覺羅・溥儀　《我的前半生》　群眾出版社　1964年3月

余冠英《詩經選》　人民文學出版社　1979年10月

楊伯峻　《論語譯注》　中華書局　1980年12月

李　新《中華民國史》(第一編)　中華書局　1981年9月

汪家熔　《大變動時代的建設者》　四川人民出版社　1985年4月

《嚴復集》　中華書局　1986年1月

《于右任辛亥文集》　復旦大學出版社　1986年9月

劉正成　《中國書法全集》(第78卷)　榮寶齋　1993年3月

楊伯峻、徐　提　《白話左傳》　嶽麓書社　1993年8月

《鄭孝胥日記》　中華書局　1993年10月

《林則徐全集》　海峽文藝出版社　2002年10月

《錢鍾書集》(寫在人生邊上・人生邊上的邊上・石語)　生活・讀
　　　　書・新知三聯書店　2002年

鄭孝胥　《海藏樓詩集》　上海古籍出版社　2003年8月

胡蘭成《今生今世》　中國社會科學出版社　2003年9月

夏東元　《盛宣懷年譜長編》　上海交通大學出版社　2004年4月

唐德剛　《袁氏當國》　廣西師範大學出版社　2004年11月

周秋光　《熊希齡傳》　百花文藝出版社　2006年1月

周振甫《《詩經》譯注》　江蘇教育出版社　2006年5月

張中行　《流年碎影》　作家出版社　2006年9月

岑春煊　《樂齋漫筆》　中華書局　2007年5月

李　零　《喪家狗——我讀《論語》》　山西人民出版社　2007年

《辛亥革命資料叢刊》　上海人民出版社　1957年

〔英〕密爾頓　《論出版自由》(吳之椿譯)　商務印書館　1958年9月

〔英〕約翰・密爾　《論自由》(程崇華譯)　商務印書館　1959年3月

存萃學社編集　《辛亥革命資料匯輯》　香港大東書局　1980年10月

魯迅博物館、魯迅研究室編　《魯迅年譜》（增訂本）　人民文學出
　　　　版社　1980年

胡繩《從鴉片戰爭到五四運動》　上海人民出版社　1982年6月

周作人《知堂書話》　嶽麓書社　1986年4月

錢穆　《八十憶雙親・師友雜憶》　嶽麓書社　1986年7月

〔波蘭〕顯克微奇　《第三個女人》（林洪亮譯）　灕江出版社
　　　　　1987年10月

錢理群　《周作人傳》　北京十月文藝出版社　1990年

顧　潮　《顧頡剛年譜》　中國社會科學出版社　1993年3月

商金林　《葉聖陶傳論》　安徽教育出版社　1995年10月

《周作人文類編》　湖南文藝出版社　1998年9月

魯迅博物館、魯迅研究室、《魯迅研究月刊》選編　《魯迅回憶錄》
　　　　北京出版社　1999年1月

張菊香、張鐵農　《周作人年譜》　天津人民出版社　2000年4月

周海嬰　《魯迅與我七十年》　南海出版公司　2001年9月

周作人《知堂回想錄》　河北教育出版社　2002年1月

周作人《魯迅的青年時代》　河北教育出版社　2002年1月

周作人《書房一角》　河北教育出版社　2002年1月

《葉聖陶集》　江蘇教育出版社　2004年12月

陳明遠　《文化人的經濟生活》　文匯出版社　2005年2月

《魯迅全集》　人民文學出版社　2005年11月

曹聚仁　《魯迅評傳》　復旦大學出版社　2006年1月

何兆武　《上學記》　生活・讀書・新知三聯書店　2006年8月

陳存仁　《銀元時代生活史》　廣西師範大學出版社　2007年5月

黃喬生　《周氏三兄弟》　浙江人民出版社　2008年1月

蔣夢麟　《西潮》　天津教育出版社　2008年4月

〔英〕彌爾頓等　《西方新聞傳播學名著選譯》（顧孝華譯）　上海
　　　社會科學院出版社　2008年12月

止　庵　《周作人傳》　山東畫報出版社　2009年1月

胡頌平《胡適之先生年譜長編初稿》　　（臺灣）聯經出版事業公司
　　　1984年5月

耿濟志、歐陽哲生　《胡適書信集》　北京大學出版社　1996年9月

《胡適文集》　北京大學出版社　1998年11月

耿濟之　《胡適評傳》　上海古籍出版社　1999年7月

李　敖　《胡適評傳》　中國友誼出版公司　2000年4月

鄭曦原　《帝國的回憶》　生活·讀書·新知三聯書店　2001年5月

《胡適日記全編》　安徽教育出版社　2001年10月

《胡適口述自傳》（唐德剛譯注）　廣西師範大學出版社　2005年8月

唐德剛　《胡適雜憶》　廣西師範大學出版社　2005年8月

《余英時文集》　廣西師範大學出版社　2006年2月

胡頌平編　《胡適之先生晚年談話錄》　新星出版社　2006年10月

羅爾綱　《師門辱教記・胡適瑣記》　生活・讀書・新知三聯書店
　　　2006年11月

包天笑　《釧影樓回憶錄》　香港大華出版社　1971年6月

錢鍾書《七綴集》　上海古籍出版社　1985年12月

《梁實秋散文》　中國廣播電視出版社　1989年9月

《吳宓自編年譜》　生活・讀書・新知三聯書店　1995年12月

陳木辛　《陳獨秀印象》　學林出版社　1997年12月

《吳宓日記》　生活・讀書・新知三聯書店　1998年3月

鄧雲鄉《文化古城舊事》　中華書局　2004年3月

季羨林　《病榻雜記》　新世界出版社　2007年1月

毛彥文　《往事》　百花文藝出版社　2007年1月

季羨林　《清華園日記》　外語教學與研究出版社　2009年12月

昌明文庫・悅讀人物　A0603009

他們在大清末年　下冊

作　　　者	顧孝華	
責任編輯	蔡雅如	
發 行 人	陳滿銘	
總 經 理	梁錦興	
總 編 輯	陳滿銘	
副總編輯	張晏瑞	
編 輯 所	萬卷樓圖書股份有限公司	
排　　版	林曉敏	
印　　刷	百通科技股份有限公司	
封面設計	曾詠霓	

出　　版　昌明文化有限公司

桃園市龜山區中原街 32 號

電話　(02)23216565

發　　行　萬卷樓圖書股份有限公司

　　　　　臺北市羅斯福路二段 41 號 6 樓之 3

　　　　　電話　(02)23216565

　　　　　傳真　(02)23218698

　　　　　電郵　SERVICE@WANJUAN.COM.TW

大陸經銷　廈門外圖臺灣書店有限公司

　　　　　電郵　JKB188@188.COM

ISBN 978-986-92915-5-2

2016 年 5 月初版

定價：新臺幣 240 元

如何購買本書：

1. 劃撥購書，請透過以下郵政劃撥帳號：

　　帳號：15624015

　　戶名：萬卷樓圖書股份有限公司

2. 轉帳購書，請透過以下帳戶

　　合作金庫銀行　古亭分行

　　戶名：萬卷樓圖書股份有限公司

　　帳號：0877717092596

3. 網路購書，請透過萬卷樓網站

　　網址　WWW.WANJUAN.COM.TW

大量購書，請直接聯繫我們，將有專人為

您服務。客服：(02)23216565 分機 10

如有缺頁、破損或裝訂錯誤，請寄回更換

國家圖書館出版品預行編目資料

他們在大清末年 / 顧孝華著.-- 初版.-- 桃園
市：昌明文化出版；臺北市：萬卷樓發行,
2016.05

　　冊；　　公分.--(昌明文庫. 悅讀人物)

ISBN 978-986-92915-5-2(下冊：平裝)

1.人物志 2.清代 3.中國

782.17　　　　　　　　　　　　105007302

本著作物經廈門墨客知識產權代理有限公司代理，由上海交通大學出版社有限公司
授權萬卷樓圖書股份有限公司出版、發行中文繁體字版版權。